Mit Kindern in Göttingen & Umgebung

alle Aktivitäten für & mit Kindern

Dr. Ulrike Hartig-Köhler und Gesa Baum-Beyer

klartext GmbH, Göttingen

Die Deutsche Bibliothek – CIP-Einheitsaufnahme

Hartig-Köhler, Ulrike; Baum-Beyer, Gesa:

Mit Kindern in Göttingen & Umgebung: alle Aktivitäten für & mit Kindern; draußen, drinnen, kulturell, sportlich, kreativ und musikalisch; Göttingen, Harz, Solling, Eichsfeld, Niedersachsen und Nord-Hessen / Dr. Ulrike Hartig-Köhler, Gesa Baum-Beyer -

Verlag: Klartext GmbH, Weender Landstrasse 8-10, 37073 Göttingen

1. Auflage 2006

ISBN 3-9808714-7-9

Umschlaggestaltung: Klartext GmbH, Andrea Ballay
Satz und Layout: Klartext GmbH, Frank Warmbold & Andrea Ballay
Lektorat: Marco Rühl

Gesamtherstellung:
klartext GmbH, print- & medienservice, Göttingen, www.kopie.de

Vorwort

Seit vielen Jahren unternehmen wir mit unseren Kindern in Göttingen und Umgebung schöne Ausflüge, Radtouren, Museumsbesuche, veranstalten Kindergeburtstage und genießen die kulturelle und sportliche Vielfalt dieser Region. Was lag schließlich näher, als unsere Erfahrungen, Ideen und Ausflüge mit Kindern in diesem Buch zusammenzustellen. Viele der hier aufgeführten Museen, Tierparks und Erlebnisparks haben wir selbst schon besucht, viele der Touren mit unseren Kindern durchgeführt und zahlreiche Kindergeburtstagsfeiern organisiert. Einiges haben wir uns erzählen lassen.

Wir haben versucht ein möglichst umfassendes Angebot aufzuzeigen, können natürlich aber nicht alles aufführen.

Die aufgeführten Aktivitäten und Angebote sind in den Kapiteln nach zunehmender Entfernung von Göttingen sortiert.

Die angegebenen Preise und Öffnungszeiten haben wir nach bestem Wissen übernommen, wir können jedoch keine Gewähr für die Richtigkeit aller Angaben übernehmen.

Vor einem Ausflug empfiehlt sich daher ein Anruf, um z.B. die Öffnungszeiten zu überprüfen. Eine große Bitte an alle, die meinen, wir hätten einen wichtigen Tipp für Kinder vergessen. Wir würden uns freuen, wenn Sie uns diesen Tipp unter der E-mail Adresse: „kinderbuch@baum-beyer.de“ mitteilen würden, damit er im nächsten Buch aufgenommen werden kann und die überarbeitete Auflage von „Mit Kindern in Göttingen & Umgebung“ noch besser wird!

Zum Schluss ein großes Dankeschön an alle, die uns unterstützt haben, uns Bilder zur Verfügung gestellt haben und besonders an Antonia, die uns beim Tippen geholfen hat.

Viel Spaß beim Ausprobieren und Erleben!

Dr. Ulrike Hartig-Köhler   Gesa Baum-Beyer

Die Autorinnen:

Dr. Ulrike Hartig-Köhler, Ärztin, wohnt seit 1976 in Göttingen. Sie hat zwei Kinder, 13 und 9 Jahre alt.

Sie engagiert sich in der Elternarbeit und hat viel Spaß am Organisieren von Festen, Veranstaltungen und Kindergeburtstagen. Seit Jahren gestaltet sie aktiv Radtouren, Museumsbesuche und Ausflüge mit der Familie und Freunden.

Gesa Baum-Beyer, selbstständig in den Bereichen Marketing und Immobilien, ist in Göttingen geboren. Sie hat vier Kinder, 13, 11, 8 und 4 Jahre alt.

Sie engagiert sich in Schule und Kindergarten und hat viel Spaß bei der Organisation von Festen und Feiern für und mit Kindern. Mit ihrer Familie unternimmt sie gerne Ausflüge in die schöne Umgebung Göttingens.

Mehr dazu in diesem Buch.

Auf dem Wasser

Göttinger Kiessee

Der Kiessee ist ein beliebtes Naherholungsgebiet der Göttinger. Hier gibt es einen tollen Spielplatz, einen Rundweg, der besonders von Joggern bevölkert wird, und die Möglichkeit, Ruderboote und Tretboote zu mieten.

Tel. (01 72) 5 87 89 71 oder (01 72) 5 61 33 43, E-Mail boote@onlinehome.de. Geöffnet bei gutem Wetter: werktags – samstags 11 – 20 Uhr, sonn- und feiertags 10 – 20 Uhr oder nach Vereinbarung. Preise: Tretboot ½ Std. 7,– €, 1 Std. 10,– €, Ruderboot ½ Std. 6,– €, 1 Std. 8,– €, Kanu 2 Pers. 1 Std. 6,– €.

Tipp: Die Boote können auch für einen Kindergeburtstag mit Schatzsuche gemietet werden, ein toller Spaß für die Kids.

Seeburger See

Direkt an Seeburg grenzend liegt in idyllischer Natur der Seeburger See, der z. T. Naturschutzgebiet ist und teilweise als Naherholungsgebiet genutzt wird. Es gibt einen Bootsverleih, ein Naturschwimmbad und ein Naturzentrum.

Boote können zwischen 8 Uhr und 20 Uhr gemietet werden, Kosten: bis 3 Pers. 3,– € ½ Std., 5,– € 1 Std., bei 4 Pers. 3,50 € ½ Std., 6,– € 1 Std., bei 5 Pers. 4,– € ½ Std., 7,– € 1 Std. Das Naturzentrum hat von

10–19 Uhr geöffnet (siehe auch unter „In der Natur–Informationszentrum Seeburger See" in diesem Kapitel), das Schwimmbad von 8–20 Uhr (siehe auch unter „Unternehmungen–Schwimmbäder"). www.seeburgersee.de, Telefon Schwimmbad (0 55 07) 460, Naturzentrum (0 55 07) 23 71.

Der Seeburger See ist in den Sommermonaten ein beliebtes Ausflugziel der Göttinger und Umgebung, im Winter gibt es manchmal die Gelegenheit, dort Schlittschuh zu laufen. Ein tolles Naturschwimmbad, ein nah gelegener großer Spielplatz, ein Minigolfplatz, ein Naturzentrum, ein Campingplatz, gute Gastronomie mit einem großen Gartenrestaurant und ein Bootsverleih laden besonders an den Wochenenden ein, sodass hier häufig viel los ist. Doch ein Plätzchen findet sich immer. Sehr empfehlenswert als Wochenendausflug.

Kanufahren in Gieboldehausen

Wassersportfreunden stehen in Gieboldehausen Kanus und in Bilshausen Kanus und Ruderboote zur Verfügung, um auf der Rhume zu fahren.

Bootsverleih Northeim

Am Rhumekanal 1, 37154 Northeim, Tel. (0 55 51) 43 80, Öffnungszeiten: Mo–Sa 14.30–18 Uhr, an Sonn- und Feiertagen 14–18 Uhr, Touren nach Vereinbarung. Preise: 3,– € pro Bootsplatz pro Std. für Kajak und Kanadier, 6,– € pro Std. für Ruderboote (max. 3 Personen). Bei Touren flussabwärts, zu denen der Veranstalter die Boote zur Ablegestelle bringt, kostet der Bootsplatz je nach Entfernung zwischen 8 € und 15 €.

Es gibt verschiedene Möglichkeiten, empfehlenswert ist es, sich die Boote an den Ausgangspunkt transportieren zu lassen und dann flussabwärts zu paddeln. Das ist auch schon mit kleineren Kindern ab etwa 5 Jahren möglich, die aber natürlich nur mit Schwimmweste ins Boot dürfen. Die kürzeste Strecke von Elvershausen bis Northeim ist 8,6 Stromkilometer lang, und es muss einmal umgesetzt werden. Das bedeutet, dass man das Boot verlassen muss und es ein kurzes Stück über Land tragen muss.

Die Boote sind aber nicht so schwer, sodass es auch für Frauen mit etwas älteren Kindern möglich ist. Der späteste Zeitpunkt ein Boot zu mieten ist 15.00 Uhr, da man mit Transport und Pause ca. 3 Std. braucht, um bis Northeim zum Anleger zurückzukommen. Es macht einen Heidenspaß, man wird aber ziemlich nass, sodass es schon richtig warm sein muss. Anschließend sind trockene Sachen und ein Handtuch angenehm.

Tipp: Diese Aktivität bietet sich für einen Kindergeburtstag für 8- bis 12jährige im Sommer an. Man kann zwischenzeitlich anlegen und picknicken oder auch an verabredeter Stelle grillen.

Northeimer Seenplatte

Badestelle Kiessee: Kiessee Nr. 1, 37154 Northeim, Telefon (0 55 51) 5 38 29, www.northeim.de; geöffnet von Juni bis August Mo–Fr 11–19 Uhr und Sa, So 10–19 Uhr, in den Sommerferien täglich 10–19 Uhr; Preise: Erw. 1,30 € bzw. 2,80 €, Kinder usw. 1,– € bzw. 1,80 €.

Die Northeimer Seenplatte ist eine Freizeitanlage, die aus einem ehemaligen Kiesabbaugebiet entstanden ist. Hier gibt es die Möglichkeit zu segeln, zu surfen und zu schwimmen. Leider liegt der öffentliche Badebereich direkt an der Autobahn, was jedoch die Gäste nicht daran hindert, bei gutem Wetter die Wiese zu belagern und ihren Spaß zu haben. Bei schönem Wetter übernimmt die DLRG die Badeaufsicht, ein Imbisswagen für den kleinen Hunger und Umkleidekabinen vervollständigen das Angebot. Surfen ist über den Surfverein möglich, dieser bietet im Sommer an den Wochenenden auch Surfkurse an und verleiht Surfbretter. Kontakt über Herrn Ziaja. Segeln ist über den Segelverein möglich.

Foto: Northeim Touristik

Das Restaurant „Seeterrassen" liegt zwischen dem Surf- und dem Segelclub direkt am Wasser und ist sehr kinderfreundlich und hat einen kleinen Spielplatz für Kinder.

Ein Höhepunkt ist alljährlich im September das Seefest.

Freizeitanlage Höxter-Godelheim

Tourist-Information Höxter, Historisches Rathaus, Weserstraße 11, 37671 Höxter, Tel. (0 52 71) 1 94 33, Fax (0 52 71) 96 24 35, info@hoexter.de, www.hoexter.de.

Die Godelheimer Seenplatte bietet ein vielseitiges Angebot für die ganze Familie. Ein Badesee, ein Modellbootsee, ein großer Spielplatz, der Sandstrand, Beach-Volleyballplätze und eine große Liegewiese begeistern besonders die Familien, weil sowohl für kleinere als auch für größere Kinder Aktivitäten möglich sind. Ein Flachwasserbereich lässt auch Nichtschwimmer auf ihre Kosten kommen.

Tipp: Empfehlenswert ist diese Anlage, die direkt am Weserradweg liegt, als Pausenmöglichkeit oder als Highlight am Ende einer längeren Radtour.

Maschsee und Steinhuder Meer

Beliebte Ausflugsziele in Hannover. Am Maschsee ist sowohl eine Segelschule als auch ein Bootsverleih vor Ort, außerdem kann man Schifffahrten auf ihm machen.

Schifffahrten, Floß-, Paddel- und Kanutouren werden auf der Weser, Werra, Fulda und Eder von einer Vielzahl von Gesellschaften angeboten, hier sind nur einige davon aufgeführt:

Kanu Touristik Mitte (KTM)

Schöneberger Str. 1, 37085 Göttingen, Tel. (05 51) 7 90 91 91, Fax (05 51) 7 98 91 31, service@KanuTouristik-Mitte.de, www.KanuTouristik-Mitte.de, Verschiedene Kanutouren auf Eder, Fulda, Werra und Weser; Preise liegen zwischen 15,- und 28,– €.

Es gibt zahlreiche Möglichkeiten auf Eder, Fulda, Werra und Weser; bitte aktuell unter obiger Adresse erfragen.

Schifffahrten Hann. Münden

Kartenverkauf und Reservierungen: Tourist-Information im historischen Rathaus, Lotzestraße, 34346 Hann. Münden, Tel. (0 55 41) 7 53 13 oder 7 53 43, Fax 7 54 04, Tourist-info@hann.muenden.de, www.hann.muenden.de; angeboten werden die meisten Fahrten zwischen Mai und September; Preise liegen zwischen Erw. 6,50 € und 19,– € und Kinder 3,- bis 6,– €.

Angeboten werden Raddampferfahrten zwischen Hann. Münden und Bodenwerder, Drei-Flüsse-Rundfahrten und Linienfahrten zwischen Hann. Münden und Bad Karlshafen, Kassel und Bursfelde.

Weserkanutouren

Touristik-Information Uslarer Land, Mühlentor 1, 37170 Uslar, Tel. (0 55 71) 9 22 40, Fax (0 55 71) 92 24 22, www.uslarer-land.de, TouristikUslar@aol.com.

Angeboten wird Kanu-Urlaub, sowohl individuelle als auch 4-tägige Touren auf der Weser zwischen Hann. Münden und Hameln. Es können Kanu & Camping und Kanu & Hotel gebucht werden. Außerdem werden Floßfahrten auf der Weser in Begleitung eines oder mehrerer Wasserfahrräder für Gruppen angeboten, Dauer 4 Std. (Preise: pro Person 24,– €, Essen/Getränke 14,–/20,– €).

Rehbein-Linie Kassel

Ostpreußenstr. 8, 34233 Fuldatal, Tel. (05 61) 1 85 05, Anleger in Kassel und Hann. Münden, Fax (0 55 41) 7 31 09, E-mail rehbeinlinieks@aol.com, www.schifffahrtslinie-rehbein.de; geöffnet Ende März bis April Sa und So, Mai bis Ende Sept. täglich, Ende Sept. bis Mitte Okt. Di, Sa und So; Sonderfahrten für Gruppen auf Anfrage auch an anderen Tagen.

Die Schiffe sind auf drei Flüssen unterwegs: Fulda, Werra und Weser. Es gibt die Möglichkeit, Tagestouren, Rundfahrten und Themenfahrten zu unternehmen. Die Schiffe können auch gechartert werden, z. B. für einen Piratennachmittag. Gastronomie ist an Bord. Besonders erwähnenswert sind die planmäßige 2-Flüsse-Kreuzfahrt durch Fuldatal und Weserbergland bis Bad Karlshafen und die Werraschifffahrt ab Hann. Münden.

Weserfahrten

Kur- und Tourist-Information, Hafenplatz 8, 34385 Bad Karlshafen, Tel. (0 56 72) 99 99 23, Fax 99 99 25, linie2000@bad-karlshafen.de, www.bad-karlshafen.de; Linienfahrten von

Mitte Mai bis Ende September; Preise: Erw. zwischen 8,50 € und 19,– €, Kinder 3,– €.

Das Fahrgastschiff „Hessen" fährt zwischen Bad Karlshafen und Hann. Münden, Rundfahrten in Bad Karlshafen werden ab Ostern bis Anfang Nov. angeboten, außerdem gibt es noch Linienfahrten zwischen Hann. Münden und Bursfelde.

Kanuwandern auf der Weser

Gerda Schumacher, Kanutouren-Kanuvermietung, Wethener Str. 83, 34414 Warburg, Tel. (0 56 42) 76 82, Fax (0 56 42) 56 77, E-mail kanuschumacher @t-online.de, www.kanu-schumacher.de; Preise je Strecke Erw. 12,– € bis 32,– €, Kinder 7,– € bis 18,– €.

2- bis 4-Personen-Kanadier, 1- und 2-Personen-Kajak mit Paddel stehen jeden Freitag, Samstag, Sonntag und Feiertag zu Verfügung, für Schülergruppen von Montag bis Donnerstag, sonst auf Anfrage.

Flotte Weser

Deisterallee 1, 31785 Hameln, Tel. (0 51 51) 93 99 99, www.flotte-weser.de, E-mail hameln @flotte-weser.de.

Es werden Linienfahrten zwischen Bad Karlshafen und Bremen angeboten sowie Rundfahrten in Höxter, Bodenwerder, Hameln, Nienburg und Verden. Besonders erwähnenswert für Kinder sind Sonderfahrten wie „Märchenfahrten", „Kapitän Iglo-Party" mit Basteln, Tanzen und Schminken und eine „Weser-Flusskreuzfahrt".

Im Harz

Kanufahrten in Bad Lauterberg

Informationen können im Gesundheits- und Rehazentrum Gollée, Wiesenbek 11 – 12, Bad Lauterberg, Tel. (0 55 24) 85 40 oder in der Kirchberg-Klinik und -Therme, Kirchberg 7 – 11, Bad Lauterberg, Tel. (0 55 24) 85 90 erfragt werden.

Schmelzteich Bad Sachsa

Tel. (0 55 23) 3 00 90, www.badsachsinfo.de, Bootsverleih geöffnet tägl. von 10 – 18 Uhr.

Ruderboot, Tretboot und Wasserfahrradverleih werden angeboten.

„Kinder-Surf-Schule" in Buntenbock/Harz

In Buntenbock am Ziegenberger Teich wird von Juli bis September ein Surfkurs angeboten, Auskunft über Tel. (0 53 28) 8 02 22.

Tipp: In Buntenbock wird in den Sommermonaten eine Kinder-Zirkus-Schule angeboten, Info: (0 53 23) 17 74.

Oderstausee

Der fünf Kilometer lange Oderstausee bei Bad Lauterberg bietet eine Vielzahl von Wassersportmöglichkeiten, besonders Segler und Surfer kommen auf ihre Kosten, da es einen Bootshafen gibt, aber auch Kanufahren ist möglich.

Oker See Schifffahrt (OSS)

Tannenhöhe 15, 38707 Schulenberg, Tel. (0 53 29) 290, Fax (0 53 29) 294, info@okersee.de, www.okersee.de. Buchung/ Information: Hauptanleger Weißwasserbrücke Tel. (0 53 29) 811, Fax (0 53 29) 69 00 05. Tägliche Fahrten von März bis Oktober, im

Winter je nach Witterungslage, wechselnde Abfahrzeiten je nach Saison, am besten vorher anrufen. Kosten für eine 1,5-stündige Rundfahrt für Erwachsene 7,– € und Kinder 3,50 €, Kinderwagen und Rollstühle werden kostenlos transportiert, Fahrräder und Hunde kosten 1,– €, Familienkarte 19,50 €.

Über die A7 bis Rhüden, über die B82 in Richtung Goslar auf die B498 in Richtung Oker-Okertalsperre Altenau.

Die MS „AquaMarin" ist ein 34,30 m langes Schiff. Es verfügt über 350 Sitzplätze, ist beheizbar und mit Restauration ausgestattet. Barrierefreier Zugang durch Bugklappe für Rollstuhlfahrer, Fahrräder und Kinderwagen. Es können eine 1,5-stündige Rundfahrt oder Teilstrecken auf dem idyllisch verzweigten Okerstausee gebucht werden.

Innerste-Staussee

Die Innerstetalsperre befindet sich bei Wolfshagen, zwischen Langelsheim und Lautental.

Ein Paradies für Wassersportler ist der Innerste-Stausee. Hier sind Schwimmen, Rudern, Tretbootfahren oder Surfen und Segeln möglich. Die Staumauer ist mit 750 m Länge die längste Staumauer der Harzer Talsperren.

In der Höhe

Aussichtstürme Bismarckturm Göttingen

Öffnungszeiten von April bis September samstags, sonntags und feiertags von 11 – 18 Uhr; Erw. 1,70 €, Kinder 0,70 €; Gruppenbesuche (mindestens 10 Pers.) sind nach Anmeldung in der Saison auch an Wochentagen zwischen 11 und 15 Uhr möglich; mit dem städtischen Fachdienst Stadtwald, Tel. (05 51) 2 10 22 vereinbaren.

Der Bismarckturm ragt mit 31,50 m aus dem Göttinger Wald hervor. Er wurde 1896 eingeweiht und steht auf dem höchsten Punkt des Hainbergs im Göttinger Stadtwald, dem 332 Meter hohen Kleper. Der Fußweg hinauf ist ziemlich steil, aber nicht sehr weit und auch für Kinder gut zu schaffen. Oben auf dem Turm wird man bei guter Sicht mit einem super Ausblick bis zum Harz, Solling und Reinhardswald belohnt.

Tipp: Nur wenige Meter weiter befindet sich das Wildgatter am Kehr. (Siehe auch unter „Unternehmungen–Tiere und Pflanzen“).

Hier ist auch der „Pluto“ vom Göttinger Planetenweg zu sehen. (Siehe auch unter „In der Natur“ in diesem Kapitel)

Turm der Burg Plesse

Burgschänke Plesse: Ritterstieg 99, 37120 Bovenden, Tel. (0 55 94) 94 33 33, Fax 94 37 38, www.burg-plesse.de, info@burg-plesse.de (siehe unter „Unternehmungen–Burgen und Schlösser“).

St. Jacobikirchturm Göttingen

Jacobikirchhof 2, 37073 Göttingen, Tel. (05 51) 5 75 96.

Die Jacobikirche liegt mitten in der Fußgängerzone von Göttingen. Sie ist die bedeutendste gotische Kirche Göttingens (1361 – 1459). Es ist ein tolles Erlebnis, den 72 m hohen Turm zu besteigen. Von oben hat man einen herrlichen Ausblick über Göttingen, der Aufstieg ist aber im letzten

Abschnitt ziemlich steil und nur zu empfehlen, wenn man schwindelfrei ist.

Aussichtsturm Harzblick

Der Aussichtsturm Harzblick befindet sich an der höchstgelegenen Stelle im Göttinger Stadtwald (428 m) am Ortsrand der Abbruchkante, ca. 1,5 km nordwestlich von Mackenrode gelegen. Von dort können Besucher bis zum Harz, Seeburger See, dem Ohmgebirge und den Gleichen schauen.

Gaußturm Dransfeld

Den Gaußturm am Hohen Hagen bei Dransfeld erreicht man über die B3 aus Richtung Göttingen oder Hann. Münden kommend. Ab Dransfeld ist der Weg ausgeschildert Richtung Hoher Hagen, Gaußturm. In dem Turm befindet sich ein Restaurant, zu dessen Öffnungszeiten es möglich ist, gegen ein geringes Entgelt per Fahrstuhl zu der Aussichtsplattform zu fahren. Öffnungszeiten Restaurant Sa–Mi ab 12 Uhr, Tel. (0 55 02) 31 11.

Der Gaußturm auf dem Hohen Hagen ist ein beliebtes Ausflugsziel. Von seiner Aussichtsplattform in 45 m Höhe hat man eine einmalige Aussicht bis zum Brocken, zum Inselsberg und zum Herkules bei Kassel. Er wurde in Erinnerung an den großen Mathematiker Karl-Friedrich Gauß (1777–1855) erbaut, für den der Hohe Hagen ein zentraler Eckpunkt der Landvermessung war.

Tipp: Unterhalb des Gaußturmes ist ein riesiger Steinbruch, durch den ein Geo-Erlebnispfad führt, wo auf zahlreichen Tafeln Erklärungen zum Basalt und der Umgebung gegeben werden. (Siehe auch unter „Unternehmungen draußen")

Wieterturm Northeim

Tel. (0 55 51) 84 79, Öffnungszeiten sind bei der Touristinformation zu erfragen, Tel. (0 55 51) 91 30 66.

Foto: Northeim Touristik

1883 wurde der Wieterturm auf dem Fundament eines Wartturms erbaut. Von seiner Plattform kann man eine schöne Aussicht genießen.

Tillyschanze Hann. Münden

Die Tillyschanze ist zu Fuß von der Altstadt in einer halben Stunde leicht zu erreichen. Eine Teilanfahrt mit dem Auto ist möglich. Der Eintritt für den Turm muss in der kleinen Berggaststätte gegenüber bezahlt werden. Diese ist von Mai bis Oktober Di bis So von 9 bis ca. 20 Uhr, von November bis April Mi bis So von 11 bis 20 Uhr geöffnet.

Foto: Andrea Wüstenhagen

Die Tillyschanze ist ein ca. 25 Meter hoher Turm, der aus dem Reinhardswald herausragt. Er wurde 1881 bis 1885 in Erinnerung an den Grafen und Feldherrn Tilly erbaut. Dieser hatte während des Dreißigjährigen Krieges unterhalb des Turmes seine Kanonen aufgestellt und damit eine Bresche in die Stadtmauer geschossen. Der Aufstieg zum Aussichtsturm ist sehr steil, wird aber durch einen herrlichen Ausblick auf die Altstadt von Hann. Münden und die umgebenden Höhenzüge belohnt.

Tipp: Es können auch Kindergeburtstage mit einem Turmgespenst, Graf Grusel oder der Märchenmagd Lilly gefeiert werden.

In der Natur

Neuer Botanischer Garten

Grisebachstr. 1 a, der Garten ist stets geöffnet, die Versuchshäuser nur nach Voranmeldung.

Pavillon im Neuen Botanischen Garten Göttingen

Es finden regelmäßig Veranstaltungen statt, Auskunft darüber unter Tel. (05 51) 39 57 25, 39 57 13, 9 96 46 51, Fax (05 51) 39 35 56 und im Internet unter wwwuser.gwdg.de/~rcallau/botgart.htm oder E-mail rcallau@gwdg.de.

Der Neue Botanische Garten liegt im Nordbereich von Stadt und Universität an der Bundesstraße 27. Er ist vom Bahnhof mit dem Bus (Linie 5) zu erreichen. Man steigt an der Haltestelle „Am Fassberg" oberhalb des Gartens aus und geht bergab in die Grisebachstr., wo sich der Nordeingang am Ende einer langen Hecke öffnet.

Mit dem Auto fährt man auf der B27 Richtung Duderstadt, biegt an der Ampelkreuzung „Hoffmannshof" (rechts Chinarestaurant) nach links in Richtung Nikolausberg. Nach 500 m geht es wieder links in die Grisebachstr., an deren Ende sich links die Einfahrt in den Garten befindet.

Schön angelegter Garten mit unterschiedlichsten Vegetationen.

Geopark

Informationen: Zentrum für Geowissenschaft, Goldschmidtstraße 3, 37077 Göttingen, Telefon 39 78 68, Fax 39 78 71, www.gzg.uni-goettingen.de/geopark, hjahnke@gwdg.de, geöffnet: Mo–Fr 9–16 Uhr.

Die Idee des Geoparks ist es, die Geschichte der Erde und die globalen Kreisläufe einer breiten Öffentlichkeit in Beispielen begreifbar und anschaulich darzustellen.

Seit ungefähr 15 Jahren wird dieser Park immer wieder erweitert, seitdem sind 20 Themen-Gruppen entstanden, die nicht systematisch angeordnet sind, sondern auch einzeln angesehen werden können. Ein Führer für die eigenständige Begehung ist an der Pforte erhältlich. Es gibt z. B. das Brunnentor, das das Aufstauen von Kräften bis zum Bruch darstellen soll, die Stubben von Mammutbäumen der Tertiärzeit, die sogenannte „Arthus.Runde", eine überdimensionale Sitzrunde aus polierten Gesteinsplatten.

Forstbotanischer Garten und Arboretum

Büsgenweg 2, 37073 Göttingen, Ansprechpartner: Dipl.-Ing. Volker Meng, Tel. (05 51) 39 34 92, Fax 3 92 70; Büro geöffnet Mo–Do 7–15.45 Uhr und Fr 7–13 Uhr, vmeng@gwdg.de, Internet über www.uni-goettingen.de; ganzjährig tägl. geöffnet; Anfahrt: Bus Linie 10 (Richtung Herberhausen/Rohringen, Haltestelle Hoffmannshof), ab dort nur noch wenige Meter zu Fuß; Auto: A7 Kassel-Hannover, Ausfahrt Göttingen-Nord, bis Ende des Autobahnzubringers (Ortsschild Göttingen), Ampelkreuzung gerade aus (B27 Richtung Braunlage/Duderstadt), 2 km hinter Ortsausgang Ampelkreuzung nach links (Am Fassberg, Richtung Nikolausberg), nach ca. 300 m Eingang rechts. Verschiedene Baumarten sind zu sehen.

Schillerwiesen

Hainholzweg, 37085 Göttingen

Die Schillerwiesen sind eine beliebte Göttinger Grünanlage. An sonnigen Tagen eignen sie sich vorzüglich für ein Picknick im Grünen und werden besonders von Studenten bevölkert.

Zum Ball- oder Frisbeespielen ist jede Menge Platz und der Spielplatz mit neu gestaltetem „Kletterwald“ lockt viele kleinere und größere Besucher an. Ein kleiner Bach wird gerne als Wasserspielplatz genutzt und manch ein Kind hat sich dort schon nasse Füße geholt. Eine Minigolfanlage und Tennisplätze runden das Angebot ab.

Cheltenham Park

Albaniplatz 2, 37073 Göttingen

Grünanlage, die nach der englischen Partnerstadt benannt wurde. In dieser sehr zentral gelegenen Anlage steht das Rohn'sche Badehaus, eine Rekonstruktion des 1820 erbauten, ersten öffentlichen Badehauses. Außerdem sind ein schöner Spielplatz, der Schwänchenteich, Skulpturen und Reste des Graben- und Wallsystems der äußeren Befestigungsanlage in diesem Park beheimatet.

Planetenweg Göttingen

Der Planetenweg beginnt in der Goetheallee, gegenüber dem Bahnhof. Er ist eine maßstäbliche Nachbildung der Sonne und der sie umkreisenden neun Planeten. 2 Milliarden Kilometer im Weltall entsprechen 1 Kilometer auf dem Planetenweg. Er zieht sich durch die Innenstadt bis zum Bismarckturm, wo sich der Pluto befindet.

Die Erde ist in diesem Maßstab eine Kugel von 6,5 Millimeter Durchmesser, die Sonne hat 70 Zentimeter Durchmesser. Entlang des Weges stehen in maßstäblichen Abständen Bronzestelen mit den Informationen zu den entsprechenden Planeten. Hierzu gibt es ein anschaulich gestaltetes Begleitheft. Sonntags findet zeitweise eine Führung statt, deren Termine bei der Göttinger Touristinfo (Tel. 49 98 00) oder beim Förderkreis Planetarium Göttingen e.V. zu erfragen sind. Sie dauern 2,5 Std.

Tipp: Eignet sich auch sehr gut als Geburtstagsveranstaltung.

Alter Botanischer Garten Göttingen

Untere Karspüle 2, 37073 Göttingen, Tel. 39 57 55; Öffnungszeiten: April–Sept. tägl. 8–18 Uhr, Okt.–März Sa, So 8–15 Uhr, Gewächshäuser 8–15 Uhr.

Der botanische Garten wurde 1736 in den Wallanlagen Göttingens auf 5 Hektar angelegt. 10.000 Pflanzenarten können besichtigt werden, außerdem noch die historischen Gewächshäuser.

Tipp: Es werden Kinderführungen zu unterschiedlichen Themen, z.B. „Gewürze aus aller Welt", freitags ab 15 Uhr angeboten. Termine finden Sie mittwochs auf der Kinderseite im Göttinger Tageblatt.

Göttinger Stadtwald

Oberhalb der Schillerwiesen liegt der Göttinger Stadtwald.

Schöne Spazierwege, die meist auch für Kinderwagen befahrbar sind, laden in den Göttinger Stadtwald ein. Ein schönes Ziel ist der Bismarckturm (siehe unter „In der Höhe" in diesem Kapitel), der Kehr mit dem Wildgatter (siehe unter „Unternehmungen–Tiere und Pflanzen") und der „Pluto" des Göttinger Planetenweges (siehe unter „In der Natur" in diesem Kapitel).

Deutsche Märchenstraße (Göttingen)

Göttinger Tourismus e.V., Altes Rathaus, Markt 9, Tel. (05 51) 49 98 00, Fax 4 99 80 10, E-Mail tourismus@goettingen.de, www.goettingen-tourismus.de, Geschäftsstelle der Arbeitsgemeinschaft Deutsche Märchenstraße, Obere Königsstr. 15, 34117 Kassel, Telefon (05 61) 70 77 07, www.deutsche-maerchenstrasse.de.

Die Deutsche Märchenstraße führt über 600 Kilometer durch eine Landschaft voller Poesie, vom Dornröschenschloss, der Sababurg, bis zu den Bremer Stadtmusikanten in Bremen, von Ebergötzen, in dem Max und Moritz ihre Streiche spielten, bis zur Trendelburg, wo Rapunzel ihr Haar herunter ließ.

Geo-Erlebnispfad Hoher Hagen

Dransfeld, Hoher Hagen, unterhalb des Gaußturms gelegen; von der B3 aus Richtung Hann. Münden oder Göttingen kommend, in Dransfeld ausgeschildert.

Unterhalb des Gaußturmes wurde bis 1987 auf einer 15 Hektar großen Fläche Basalt und Sand abgebaut. Vor ca. 14 Millionen Jahren ist diese Basaltdecke aus erkalteter Lava entstanden, es entstanden einzelne Säulen, die heute ein schönes Bild abgeben, nachdem die oberen Erdschichten abgetragen worden sind. Auf Schautafeln finden sich hierzu Erklärungen.

Tipp: Gut mit einem Besuch des Gaußturmes zu verbinden. (Siehe auch unter „In der Höhe“ in diesem Kapitel)

Schulbauernhof Hevensen

Lehmkuhlenstraße 3, 37181 Hevensen, Ansprechpartner: Kerstin und Sven Westphal, Telefon (0 55 05) 99 97 71, Axel Unger, Telefon (0 55 03) 80 55 21 oder (0 55 03) 30 55, www.internationaler-schulbauernhof.de; Anfahrt: Von der Autobahnabfahrt Nörten-Hardenberg links Richtung Hardegsen, kurz vor Hardegsen liegt Hevensen. Vom Göttinger Bahnhof aus fährt die Buslinie 220 stündlich Richtung Hardegsen.

Der Bauernhof hat zum Ziel, Bildung und Landwirtschaft unter einem Dach zu vereinen. Seit Oktober 2005 wird der Hof durch einen Pächter bewirtschaftet, er verfügt über 60 Hektar landwirtschaftliche Nutzfläche, sechs Kühe, fünf Kälber, sieben Schweine und 150 Hühner. Diese Tiere werden für die pädagogische Arbeit mit Kindern zur Verfügung gestellt. Der Hof kann von Gruppen und Schulkassen besucht werden; bitte vorher anmelden. Ein kleiner Unkostenbeitrag wird erhoben. Privatpersonen können ihn nachmittags ab ca. 16.30 Uhr auch ohne Anmeldung besuchen.

Natur-Informationszentrum Seeburger See

Ansprechpartner: Heinz Sielmann Stiftung, Gut Herbigshagen, 37115 Duderstadt, Tel. (0 55 27) 91 40, www.seeburgersee.de oder Zweckverband Naturschutz und Erholungsgebiet Seeburger See: Seestraße, 37136 Seeburg, Tel. (0 55 07) 23 71; geöffnet 10–19 Uhr; Anreise über die B27, Abfahrt Seeburg, gut ausgeschildert. (Siehe auch unter „Auf dem Wasser“ in diesem Kapitel)

In dem neu gestalteten Zentrum sind Informationen über die heimische Tierwelt zu sehen, Tierstimmen können zugeordnet werden und einen Blick in den See ermöglicht ein Glasfenster unterhalb der Wasserlinie.

Tipp: Rund um den Seeburger See gibt es viele Möglichkeiten: ein Naturschwimmbad (siehe auch unter „Unternehmungen – Schwimmbäder"), ein Minigolfplatz, Ruderbootverleih (siehe unter „Auf dem Wasser" in diesem Kapitel) und ein schöner Abenteuerspielplatz.

ErlebnisLandschaft Delliehausen

Infotafeln im Ortskern, eine Broschüre gibt es z. B. im Gasthaus Köhlerhof. Anfahrt über die A7 oder die B3 zur Abfahrt Nörten-Hardenberg, dort über die B446 und die B241 nach Hardegsen und weiter Richtung Uslar. Im Ortskern von Volpriehausen nach rechts Richtung Delliehausen.

2005 wurde in dem Sollingdorf Delliehausen eine ErlebnisLandschaft eröffnet, die unbedingt sehenswert ist. In der vielseitigen Landschaft ist der Bergsee ein Highlight. Er hat eine uralte Geschichte zu bieten. Hier befand sich vor 15 Mio.. Jahren ein großer Moorsee, an dessen Rand ein riesiger Wald stand, der im Laufe der Jahrmillionen zu Braunkohle wurde. Diese Braunkohle wurde bis Anfang des 20. Jahrhunderts im Tagebau abgebaut, später wurde dann auch noch hochwertiger Sand herausgeholt. Dieser See ist seit 1985 Naturdenkmal, ein Rundweg, ein neu gebauter Steg und ein kleiner Stollen mit Kohleflöz sind sehenswert. Die Kinder freuen sich besonders über eine große Sandrutsche, die jetzt neu hergerichtet wurde und mit einem Tau zum Hochhangeln versehen ist. Ein Stück weiter im Wald befinden sich ein großer Abenteuerspielplatz und noch eine Sandrutsche.

Römerlager Hedemünden

Touristik Naturpark Münden e.V.: Tourist-Info Rathaus, 34346 Hann. Münden, Tel. (0 55 41) 7 53 13, www.hann.muenden.de; Kontakt: Dr. Klaus Grote, Kreisarchäologe, Tel. (05 51) 52 55 04, E-mail kgrote@gmx.de, www.grote-archaeologie.de; Infobroschüre auch bei der Tourist-Info im Alten Rathaus Göttingen erhältlich.

Das Römerlager als mehrteilige Anlage befindet sich am Nordrand des Werratales, etwa 1,5 km westlich von Hedemünden. Es handelt sich um die Reste eines Versorgungslagers, das vor rund 2.000 Jahren von den römischen Legionen errichtet wurde.

Der Standort am Flussübergang über die Werra war strategisch günstig, hier führte ein Handelsweg von Nordhessen ins Leinebergland entlang.

Sielmann-Stiftung

Gut Herbigshagen, 37115 Duderstadt, Tel. (0 55 27) 91 40, Fax (0 55 27) 91 41 00, info@sielmann-stiftung.de, www.sielmann-stiftung.de; geöffnet: April bis Okt 10 – 18 Uhr, Nov bis März 11 – 17 Uhr; Anreise über die B27, Abfahrt Seeburg, B446 bis Duderstadt, dann die L531 Richtung Fuhrbach, gegenüber der Gaststätte „Rote Warte" links zum Gut Herbigshagen. Bus Linie 151 Richtung Duderstadt. (Siehe auch unter „Unternehmungen – Tiere und Pflanzen")

„Wasserspuren" Expo Projekt Hann. Münden

In der Innenstadt Hann. Mündens, rund um die St. Blasiuskirche, am Rathaus und am Markt.

Dieses Projekt wurde im Rahmen der Expo 2000 angelegt. Es wurden drei zentrale Innenstadtplätze unter künstlerischen, ökologischen und wasserhydraulischen Gesichtspunkten gestaltet. Interaktive Wasserspiele und Klangkunst, von Bürgern und Künstlern gestaltete Pflastersteine, bronzene und sprechende Klanggullys, künstlerische Luftfeuchtigkeitsmesser, wasser- und nebelspeiende Stein-Stelen bereichern die Innenstadt und sind besonders im Sommer einen Ausflug wert.

Steinberghaus

34346 Hann. Münden, Telefon (0 55 43) 16 09, Fax (0 55 43) 28 54; das Haus ist zu erreichen von der A7 (Kassel – Hannover) aus, Anschlussstelle Hann. Münden/Lutterberg; Beschilderung Steinberg-Naturfreundehaus folgen, 10 Min. durch den Nationalpark.

Das Steinberghaus liegt zwischen Werra und Fulda am Hang des 542 m hohen Steinbergs mitten im Kaufunger Wald. Es bietet Gelegenheit zur individuellen Freizeitgestaltung und Wandermöglichkeiten für alle Ansprüche. Ein Ausflug lohnt sich für Familien, Schulkassen und Vereine. Nahe gelegen ist der Barfußpfad Nienhagen, ein Naturlehrpfad rund um die Ortschaft Nienhagen mit Stationen wie Wasser, Matsch, Steine, Tannenzapfen, die barfuß erkundet werden können.

Rhumequelle

bei Rhumspringe, www.herzberg.de/sehenswert/rhumequelle.htm; Anfahrt mit dem Bus Linie 151 Richtung Duderstadt, mit dem Auto B27 Richtung Gieboldehausen, hinter Gieboldehausen rechts abbiegen Richtung Rhumspringe, ausgeschildert.

Die Rhumequelle gehört zu den ergiebigsten Karstquellen Mitteleuropas, es fließen etwa 2500 Liter pro Sekunde über die Rhume ab. Der trichterförmige Quelltopf hat einen Durchmesser von ca. 20 Metern, die Quelle bezieht ihr Wasser aus den

Versickerungen der Harzflüsse Oder und Sieber. Sie stellt eines der bedeutendsten Naturdenkmäler Norddeutschlands dar. Auch für Kinder sehenswert.

Naturerlebnispfad Rothenberg

Uslarer Forstamt, Telefon (0 55 71) 9 21 70, www.uslar.de/inhalt/freizeit/naturerlebnis.html, www.landhotel-online.de/region/naturerlebnispfad.html; Eintritt frei.

Der Naturerlebnispfad liegt zwischen Hardegsen und Uslar in der Nähe von Volpriehausen, Startpunkt des Pfades ist am Landhotel Rothenberg. Während eines Spazierganges können Sie Tiere, Pflanzen und ihre Lebensräume entdecken.

Einhornhöhle

Haus Einhorn, Ortsteil Scharzfeld, 37412 Herzberg am Harz, Telefon (0 55 21) 99 75 59, Fax 99 75 58, www.einhornhoehle.de; Öffnungszeiten: April – Oktober 10 – 17 Uhr Führungen tägl., Dauer ca. 45 Minuten; im Winter Öffnungszeiten nach Bedarf, Gruppenführungen vorher anmelden; erreichbar über die B27 und B243 über Herzberg, OT Scharzfeld, gut ausgeschildert.

Die mit 600 m erschlossener Ganglänge größte begehbare Höhle im Westharz ist weit über die Grenzen des Harzes bekannt, da man hier Jahrhunderte lang nach den Gebeinen des „Unicornu fossile" gegraben hat. Lange Zeit wurde an die Existenz des Fabelwesens „Einhorn" geglaubt und auch heute fragen die Kinder natürlich immer wieder nach dem Einhorn. Die Knochenfunde gehören aber zu den Resten von Höhlenbären, Wölfen und anderen Tieren. Diese Höhle ist sehenswert, man muss sich aber warm anziehen.

Tipp: Sehenswert ist in Scharzfeld auch die Steinkirche, eine in den Fels gehauene Höhle. In Scharzfeld gut ausgeschildert.

Erlebniswald Schönhagen

Touristik-Information Uslarer Land, Mühlentor 1, 37170 Uslar, Telefon (0 55 71) 9 22 40, Fax (0 55 71) 92 24 22, www.uslarer-land.de, www.erlebniswald.de, TouristikUslar@aol.com; Preise: freier Zugang zum Wald über Drehkreuz, 2,– € pro Person, Führungen April bis Okt. jeden So um 14.30 Uhr 5,– € pro Person, Dauer 2 Std.; Anfahrt: Direkte Busverbindungen bestehen mit Göttingen und Holzminden (RBB-Linie 210). Die Haltestelle „Erlebniswald" in Schönhagen befindet sich direkt an der Zufahrt zum Erlebniswald-Gelände. Mit dem PKW ist der Erlebniswald über die Anschlussstellen Nörten-Hardenberg/Uslar (A7) bzw. Warburg (A44) über die B241 bzw. B497 erreichbar.

Ein Rundweg vermittelt einen Einblick in das Ökosystem Wald, von der Wurzel bis zu den Wipfeln. Ein hoher, die Bäume überragender Aussichtsturm ist ebenso spannend wie eine Höhle, die unter einer Baumwurzel gebaut ist. Im Rahmen der Expo wurde dieses Projekt erstellt, es ist besonders für Kinder und Jugendliche sehenswert. Es werden viele erlebnispädagogische Projekte, z.B. Indianernachmittag und Waldforscher angeboten, die wirklich klasse sind. Dann wird mit den Kindern gebaut, mit Naturmaterialien gebastelt, gespielt oder geforscht. Anfragen unter den oben angegebenen Adressen.

Tipp: Auch Kindergeburtstage können mit und ohne Programm im Erlebniswald gefeiert werden.

Ausgrabungsstätten

Mittelalterliche Stadt Nienover: *Telefon (01 60) 4 96 33 47;* **Waldglashütte Lakenteich:** *Telefon (05 51) 3 70 60 38;* **Kirchenwüstung Winnefeld:** *Telefon (01 79) 8 26 86 43; www.nienover.de, nienover@web.de; Besuchszeiten: August bis Okt. Do 15 Uhr oder auf Anfrage.*

Skulpturenweg Bad Gandersheim

Tourist-Information, Stiftsfreiheit 12, 37581 Bad Gandersheim, Tel. (0 53 82) 7 33 21 oder 7 33 22, Fax (0 53 82) 73 53 21 oder 7 37 70, touristinformation@bad-gandersheim.de, www.radweg-zur-kunst.de.

Zwischen Bad Gandersheim und Lamspringe ist der insgesamt 12 km lange Radweg auf einer stillgelegten Bahntrasse angelegt. Die Wegführung verläuft durch eine weite offene Landschaft und verbindet zwei historische Kulturstätten, die ehemaligen Klöster Lamspringe und Brunshausen. Der Weg führt vorbei an den kleinen und malerischen Dörfern der Heberbörde. Insgesamt kann an 12 Skulpturen aus verschieden Materialien, von Künstlern aus Deutschland aber auch aus Polen und dem Libanon, Station gemacht werden.

Der Weg kann natürlich auch erwandert oder mit Inlinern befahren werden. Einkehrstationen finden sich am Wegesrand. (Siehe unter „Freizeit, Sport und Hobby")

Naturpark Solling-Vogler

Lindenstraße 6, 37603 Holzminden/Neuhaus, Telefon (0 55 36) 13 13, Fax (0 55 36) 99 97 99, naturpark-solling-vogler@t-online.de, www.Naturpark-solling-vogler.de.

Einen besonderen Service bietet eine Broschüre über die Vernetzung von 23 naturkundlichen Ausflugszielen im Naturpark Solling-Vogler mit informativen Abbildungen, Kurzbeschreibungen, Karten und Terminen. Anzufordern ist sie über die obige Telefonnummer. Das **Hochmoor Mecklenbruch** liegt nordöstlich von Silberborn und ist das größte Hochmoor im Solling. Aufgrund seiner einzigartigen Pflanzen- und Tierwelt ist es eines der wertvollsten Hochmoore in Niedersachsen. Über einen Naturholzsteg und von einem Aussichtsturm kann die Hochmoorlandschaft erlebt und entdeckt werden. Es werden etwa zweistündige Führungen angeboten.

Hutewaldprojekt: Im Reiherbachtal wird in einem 170 ha großen Wald-Offenland-Komplex eine neue Form der Beweidung erprobt. Dabei soll eine bedeutende „Hutelandschaft" mit ihren seltenen Tier- und Pflanzenarten erhalten und weiterentwickelt werden. Der Hutepfad bietet auf einer Strecke von 2,3 bzw. 3 km eine spannende und abwechslungsreiche Wanderung. In dem 4,5 ha großen Schaugehege können das ganze Jahr über einige Exemplare der Weidetiere (Heckrinder und Exmoorponys) beobachtet werden.

Wildpark und Waldmuseum Neuhaus im Solling

Niedersächsisches Forstamt Neuhaus, Eichenallee 21, 37603 Holzminden-Neuhaus, Tel. (0 55 36) 9 50 20 oder 222, Fax (0 55 36) 95 02 55 oder 96 08 70; Öffnungszeiten: Mai–Okt. tägl. 9–19 Uhr, Nov.–April 9–17 Uhr, letzter Einlass eine Std. vor Schließung, Februar geschlossen; Gruppenführungen nach Voranmeldung, Erw. 3,– €, Kinder 2,– €. Zu erreichen über die A7 Abfahrt Nörten-Hardenberg, die B241 in Richtung Holzminden und B497 nach Neuhaus im Solling. Hunde dürfen nicht mitgenommen werden, empfehlenswert ist es, ein Fernglas mitzubringen.

Der Solling ist neben dem Harz das größte Waldgebiet Niedersachsens. Im 50 Hektar großen Wildpark leben die heimischen Tiere in Gehegen, die ihren natürlichen Lebensräumen entsprechen, unter anderem Luchse, Hirsche, Wildschweine und Ziegen, rund 250 Tiere und rund 30 verschiedene Arten.

Der Besucher kann Wild und Wald hautnah erleben. Im Waldmuseum werden Hintergründe und Zusammenhänge aufgezeigt, der Besuch ist im Eintrittspreis enthalten. Ein Waldspielplatz lädt zum Toben, Klettern und Bauen ein. Im Oktober 2005 ist ein neues Wolfsgehege mit 11.000 m² eröffnet worden, in dem vier junge Tiere ein neues Zuhause gefunden haben.

Bergpark Wilhelmshöhe

Kassel, **Herkules** *geöffnet: 15.03–15.11. tägl. 10–17 Uhr,* **Schloß Wilhelmshöhe** *geöffnet: März–Okt. Di–So 10–17 Uhr, Nov.–Febr. Di–So 10–16 Uhr,* **Wasserkünste** *Mai–September Mi, So, feiertags 14.30 Uhr; Telefon Park Wilhelmshöhe (05 61) 31 68 02 23; Anfahrt: A7 Richtung Kassel.*

Der Berg- oder Schlosspark Wilhelmshöhe ist der größte Bergpark Europas. Er entstand zu Beginn des 18. Jahrhunderts, diente mit dem Schloss bis 1866 den Landgrafen und Kurfürsten von Hessen-Kassel als Sommerresidenz. Zu seinen besonderen Attraktionen zählen die Wasserkünste, die über 12 km Wasserläufe und zahlreiche Teiche zu der abschließenden großen Fontäne führen. Ein wahres Paradies für Kinder, die sich hier voll austoben können.

Arboretum (Exotenwald) Bad Grund

Infos beim Tourist-Zentrum, Elisabethstr. 1, 37539 Bad Grund, Telefon (0 53 27) 70 07 10, Fax 70 07 70; in Bad Grund durch Hinweisschilder gut ausgeschildert.

Sehenswerter Exotenwald, ein schöner Spaziergang bei gutem Wetter.

Tipp: Als Ausflug nach Bad Grund zu verbinden mit einer Besichtigung des Uhrenmuseums (siehe unter „Aktivitäten überdacht – Museen und Bergwerke") oder der Iberger Tropfsteinhöhle.

Iberger Tropfsteinhöhle

Am Rohland 4, 37539 Bad Grund, Tel. (0 53 27) 82 93 91, Fax (0 53 27) 26 66, www.ibergertropfsteinhoehle.de, iberger @landkreis-osterode.de; Öffnungszeiten: Dez.–Jan. Do u. So 10 – 15.30 Uhr (Ausnahme 25.12.– 6.1.) tägl. 10 – 15.30 Uhr, Febr. u. März Di – So 10 – 15.30 Uhr, April bis Okt. tägl. 9 – 16.30 Uhr, Nov. Mi, Do 10 – 12.30 Uhr und Fr – So 10 – 15 Uhr, Gruppen nach Absprache auch außerhalb der Öffnungszeiten; Preise: Erw. 3,– €, Kinder (4 – 16 J.) 2,– €, direkt an der B242.

Die älteste, 200 m lange Schauhöhle des Westharzes ist eine faszinierende Welt aus Tropfsteinen und versteinerten Wasserfällen. Bei der Führung wird immer wieder auf das Reich des sagenhaften Zwergenkönigs Hübich hingewiesen, sodass auch die Kleinen auf ihre Kosten kommen. Warm anziehen.

Wald-Quiz-Pfad Bad Grund

Tourist-Zentrum, Elisabethstr. 1, 37539 Bad Grund, Tel. (0 53 27) 70 07 10, Fax (0 53 27) 70 07 70; Beginn und Ausgabe der Utensilien an der Waldgaststätte Iberger Albertturm, 37539 Bad Grund.

KräuterPark Altenau

Schultal 11, 38707 Altenau, Telefon (0 53 28) 91 16 84, Fax (0 53 28) 91 16 85, www.kraeuterpark-altenau.de, info@kraeuterpark-altenau.de; geöffnet: tägl. 10 – 18 Uhr.

In Europas größtem Kräuterpark wandert man auf gut befestigten, leicht begehbaren Pfaden und erkundet die Vielfalt heimischer und exotischer Gewürze und Kräuter. Aus einer Berg- und Sumpfwiese ist ein Biotop aus Hochbeeten, Steingärten, Hügeln und Gräben entstanden. In der Gewürzgalerie finden sich 1500 Gewürze und Kräuter.

Skyrope Hochseilpark

Im Kalten Tal, 38667 Bad Harzburg, Infos beim Team Skyrope, Schützenplatzweg 7 – 11, 38700 Hohegeiß, Telefon (03 94 57) 9 86 20, Fax 9 86 22, mail@skyrope.de, www.skyrope.de oder Touristinformation, Herzog-Wilhelm-Straße 86, 38667 Bad Harzburg, Tel. (0 53 22) 7 53 30, Fax (0 53 22) 7 53 29, info@bad-harzburg.de, www.harzinfo.de, www.harz.com, www.braunlage.org. (Siehe auch unter „Erlebnisparks" in diesem Kapitel)

Rübelandhöhlen

Baumanshöhle, *Tel. (03 94 54) 4 92 08,* **Hermannshöhle**, *Tel. (03 94 54) 4 91 10, 38889 Rübeland, Blankenburger Straße 35; Tageskarten Erw. 5,– €, Kinder 3,– €, www.ruebeland.com, tropfsteinhoelen @ruebeland.com; täglich geöffnet. Rübeland liegt direkt an der B27 zwischen Blankenburg und Braunlage.*

Die Baumannnshöhle ist die älteste Schauhöhle der Welt. Außer dem Tropfsteinschmuck ist vor allem der Goethesaal, der bis zu 300 Personen Platz bietet und in dem regelmäßig Theateraufführungen stattfinden, eine Attraktion. In der Hermannnshöhle ist besonders die Kristallkammer zu erwähnen, außerdem beherbergt sie im Olmensee 13 Exemplare des Grottenolms. Diese Tiere kommen sonst nur in istrischen Karsthöhlen vor.

Regenwaldhaus in Hannover

Herrenhäuser Str. 4a, 30419 Hannover, Tel. (05 11) 12 60 42 10, www.regenwaldhaus.de, Öffnungszeiten täglich ab 10 Uhr bis 16 – 22 Uhr je nach Monat und Wochentag. Eintrittspreise Erw. 8,50 €, ermäßigt 5,50 €, Kinder 6 – 14 Jahre 4,50 €, Familien 22,– €.

Es gibt mehr als 6000 Pflanzen zu entdecken, Vögel, Fledermäuse und andere Exoten. Jeder Besucher bekommt einen eigenen elektronischen Begleiter, der sich an bestimmten Punkten selbst einschaltet und Erklärungen abgibt. Spezielle Projekte für Kinder werden angeboten, z.B. die „Regenwalddetektive", eine Gruppe von Kindern, die unter Betreuung eines Guides Themen wie das Leben der Indianer erforschen.

Sehr zu empfehlen. (Siehe auch unter „Unternehmungen – Tiere und Pflanzen")

Eine Kooperation mit dem Meeresaquarium Sea-Life ist im Gespräch.

Nationalpark Harz

Infos: **Nationalpark-Bildungszentrum**, *Am Gesehr 3, 37444 Sankt Andreasberg, Telefon (0 55 82) 9 16 40, Fax 91 64 19 oder* **Nationalparkhaus St. Andreasberg**, *Erzwäsche 1, 37444 St. Andreasberg, Tel (0 55 82) 92 30 74, Fax (0 55 82) 92 30 71 oder* **Nationalparkhaus Altenau-Torfhaus**, *Torfhaus 21, 38667 Torfhaus, Tel. (0 53 20) 263, Fax (0 53 20) 266, torfhaus@t-online.de oder* **Brockenhaus**,

Lindenallee 35, 38855 Wernigerode, Tel. (0 39 43) 5 50 50 oder (03 94 55) 5 00 05, Fax (0 39 43) 55 02 37, www.nationalpark-brockenhaus.de.

Es gibt viele Angebote, auch für Jugendliche, Wildbeobachtung und Ausstellungen in den Nationalparkhäusern.

Harzer Schmalspurbahnen (Harzquerbahn, Selketalbahn und Brockenbahn)

Friedrichstr. 151, 38855 Wernigerode, Telefon (0 39 43) 55 80, Fax (0 39 43) 55 81 48, info@hsb-wr.de, www.hsb-wr.de; ganzjährig geöffnet; Anfahrt über die B27, von da am Bad Harzburger Dreieck auf B6, weiter auf die B244.

Die Harzer Schmalspurbahnen schauen auf eine lange Geschichte zurück: Sie wurden Ende des vorletzten Jahrhunderts angelegt, um den Anschluss des Harzes mit seinen Bodenschätzen, den Holzvorkommen und der Kleinindustrie an das wirtschaftlich aufstrebende Deutschland herzustellen und den beginnenden Fremdenverkehr zu fördern. Das Streckennetz ist 131,24 km lang, einige Dampflokomotiven sind schon fast 110 Jahre alt. Seit 1972 steht die Harzer Schmalspurbahn unter Denkmalschutz. Die schönste Strecke ist von Wernigerode zum Brocken, dann keucht die Dampflokomotive den Berg hinauf. Für die ganze Familie ein tolles Erlebnis. Fahrpläne im Internet.

Naturpark Eichsfeld-Hainich-Werratal

Auskunft Telefon (0 36 03) 39 07 28, www.nationalpark-hainich.de.

Der Naturpark bietet eine Vielzahl von Exkursionen an, die bei oben genannter Telefonnummer zu erfragen sind. Neu ist seit 2005 ein **Baumkronenpfad** im Nationalpark Hainich. Der Baumkronenpfad liegt im Südosten des Parks, etwa 10 km westlich von Langensalza an der einzigen Straße im Nationalpark. Er führt über eine Länge von 306 Metern vorbei an verschiedenen Baumarten bis in eine Höhe von 25 Metern und ist ganzjährig geöffnet. Er beginnt und endet an einem Turm mit Aussichtsplattform in 44 Metern Höhe. Eintritt: Erw. 6,– €, Kinder ab 6 Jahren 4,– €.

Stadt Göttingen und Umgebung

Informationen über Sehenswürdigkeiten in der Stadt Göttingen und im Göttinger Land können im Internet unter www.goettingen.de oder unter www.goettinger-land.de abgerufen werden.

Stadtführungen Göttingen

Kleine Leute auf großer Tour

Gemeinsam mit der Stadtführerin gehen die Kinder auf eine spannende Entdeckungstour. Sie erfahren viel über die Geheimnisse des Alten Rathauses und die Geschichte des Gänseliesels, sie suchen einen Schatz und dürfen sich in die Lage versetzen, wie es Missetätern im Mittelalter erging.

Die Führung eignet sich für alle Gelegenheiten, Kindergeburtstage oder Aktionstage im Kindergarten. Für Kinder ab 5 Jahren geeignet, Dauer 1,5 Std., Preis: 42,– € pro Gruppe (max. 15 Kinder und 1-2 Begleitpersonen); Terminabsprache mit Tourist-Info, Telefon (05 51) 49 98 00 oder Fax (05 51) 4 99 80 10 oder E-mail tourismus@goettingen.de.

Stadtführung mit dem Londonbus

Ein tolles Erlebnis, mit dem roten Doppeldeckerbus durch Göttingen zu fahren; der Londonbus ist zur Stadtrundfahrt buchbar. Er fährt auch an einigen festen Terminen im Jahr. Tourist-Info, Tel. (05 51) 49 98 00 oder Fax (05 51) 4 99 80 10 oder E-mail tourismus@goettingen.de.

Stadtführungen in der Umgebung

Northeim

Northeim Touristik e. V., Am Münster 6, 37154 Northeim, Tel. (0 55 51) 91 30 66, Fax (0 55 51) 91 30 67, info@northeim-touristik.de, www.northeim-touristik.de.

Foto: Northeim Touristik

Stadtrallye: Historischer Rundgang durch die Stadt mit kniffligen Fragen auf dem Weg (Fragebogen erhältlich bei der Northeim Touristik).

Spezielle Stadtführungen für Kinder sind in der Northeim Touristik buchbar und sehr empfehlenswert.

Hann. Münden

Touristik Naturpark Münden e. V., Rathaus, 34346 Hann. Münden, Tel. (0 55 41) 7 53 13, Fax (0 55 41) 7 54 04, E-mail Tourist-Info@hann.muenden.de, www.hann.münden.de.

Stadtspiel: Hann. Münden auf eigene Faust entdecken und die schönsten Ecken der Drei-Flüsse-Stadt mithilfe eines Städtequiz kennen lernen. Jeder Teilnehmer erhält ein Quiz-Heft, Dauer 90 Min., 0,50 € pro Person.

„Wir sehen was, was ihr nicht seht"-Entdeckerrundgang für Kinder und ihre Eltern. Die Stadt am Wasser neu erkunden. Auf diesem Rundgang können Kinder und Eltern miteinander und im spielerischen Wettbewerb aktiv werden. Dauer 90 Min., 15 – 20 Personen, Erw. 5,– €, Kinder 3,– €.

Kassel

Kassel Tourist GmbH, Obere Königsstr. 15, 34117 Kassel, Telefon (05 61) 7 07 71 62, E-mail tourist@kassel-tourist.info, www.kassel.de.

Kinder entdecken Kassel: Eine Führung für die ganze Familie. Der Besuch des Stadtmuseums oder Naturkundemuseums ist fester Bestandteil, sonst wird auf Wünsche eingegangen. Dauer 2 Std.

Die Staatlichen Museen Kassel bieten ein umfangreiches, sehr interessantes Programm für Kinder an, zusammengefasst in einem eigenem Heft. Angefangen bei kindgerechten Schlossführungen, z.T. in Kostümen, bis hin zu **Geburtstagsfeiern** im Schlosspark mit Schatzsuche, ist für jeden Geschmack etwas dabei. Super!

Staatliche Museen Kassel, Museumspädagogik, Postfach 41 04 20, 34066 Kassel, Telefon (05 61) 31 68 00 oder Fax 31 68 01 11, E-mail info@museum-kassel.de, www.museum-kassel.de.

Goslar

Kulturressort der Stadt Goslar, Rosentorstr. 27, 38640 Goslar, Tel. (0 53 21) 7 57 80, Fax (0 53 21) 75 78 75, Kindergeburtstage: Tel. (0 53 21) 4 33 94 oder (0 53 21) 75 78 56, E-mail Kulturressort@Goslar.de.

Das Kulturamt der Stadt Goslar hat etwas ganz Tolles herausgebracht, einen Führer für Kinder ab 7 Jahren: Goslar in sieben Tagen und an sieben Abenden. Eine Mappe mit sieben Geschichten aus der Vergangenheit der Stadt und einem Heft, das an sieben Tagen durch die Stadt führt, mit Öffnungszeiten und Busverbindungen. Außerdem enthält er Bastelanleitungen und Malbögen für Schlechtwettertage.

Außerdem gibt es super Kindergeburtstagsprogramme, z.B. Kochen oder Schmuckgeburtstag. (Siehe unter „Kindergeburtstage und -feste")

Sehenswertes für Kids in Göttingen

Gänseliesel-Brunnen

Der Gänseliesel-Brunnen oder kurz das Gänseliesel steht mitten auf dem Platz vor dem Alten Rathaus und ist das Wahrzeichen der Stadt Göttingen. Es wurde 1901 aufgestellt und gilt als das „Meistgeküsste Mädchen der Welt", weil nach altem Brauch jeder frisch promovierte Doktor der Universität auf den Brunnen steigen und die Figur küssen muss. Meist gibt es dann für das Liesel noch einen Blumenstrauß. Manch einer ist dabei in den Brunnen gefallen.

Lichtenberg-Denkmal

Das Bronzedenkmal des berühmten Physikers, Mathematikers und Philosophen Georg Christoph Lichtenberg (1742–1799) steht an der nördlichen Seite des Marktplatzes, neben dem Alten Rathaus.

Altes Rathaus

Das Alte Rathaus liegt direkt am Markt, mitten in der Fußgängerzone. Es beherbergt heute die Tourist-Information und das Standesamt. Der Kernbau wurde 1270 errichtet. Heute finden in der schönen großen Halle mit vielen Wandmalereien unter anderem die Figurentheatertage, Konzerte und Ausstellungen statt. Die Halle ist tagsüber immer offen und zu besichtigen. Eine mittelalterliche Dorntze mit vollständig erhaltener gotischer Heizanlage und ein Gefängnis sind nur im Rahmen einer Stadtführung zu besichtigen. (Siehe unter „Stadtführungen" in diesem Kapitel)

Vierkirchenblick

Der sog. Vierkirchenblick befindet sich an der Südseite des Markts/Kornmarkt. Dies ist der Standort des ehemaligen, 1251 errichteten „Schuhhofes", des ältesten Gildehauses der Stadt. Eine Metallplatte auf der Erde kennzeichnet den Vierkirchenblick, von hier aus kann man durch die Häuser hindurch die Kirchtürme der Michaeliskirche, der Jacobikirche, der Johanniskirche und der Albanikirche sehen.

Glockenspiel Lange Geismarstraße
Lange Geismarstr. 44, 37073 Göttingen

Dieses 1980 installierte Glockenspiel mit 12 Bronzeglocken spielt täglich um 11, 12, 16 und 17 Uhr.

St. Johanniskirche

Die 1300–1344 erbaute dreischiffige gotische Hallenkirche liegt direkt hinter dem Alten Rathaus. Sie hat einen 56,5 m hohen Südturm und eine 62 m hohen Nordturm, in dem Studenten wohnen. Eine Turmbesteigung ist Sa von 14–16 Uhr möglich. Der Turm ist zurzeit jedoch wegen Renovierungsarbeiten geschlossen. Besichtigung der Kirche von April–September täglich von 11–12 Uhr. Um die Weihnachtszeit findet hier regelmäßig eine Krippenausstellung statt. (Siehe unter „Familienkalender")

Karzer

Der Karzer ist das ehemalige Universitätsgefängnis, hier wurden die Studenten, die sich nicht ordnungsgemäß verhielten, eingesperrt. Er befindet sich im Aulagebäude der Universität am Wilhelmsplatz. In den spärlich möblierten Räumen sind Decken und Wände lückenlos mit sehenswerten Kohle- und Kreidezeichnungen der studentischen Übeltäter bedeckt. Nur im Rahmen einer Führung zu besichtigen.

Das **älteste Haus** Göttingens steht in der Roten Str. 25, es ist ein gotischer Holzbau von 1276.

Stadtmauer mit Turm (13. Jahrhundert)

In der Turmstr. sind noch Reste der ältesten Stadtbefestigung Göttingens zu sehen.

Wall

Eine Wallpromenade führt rings um die Altstadt entlang der Reste der 1362 – 1577 erbauten Befestigung. 1763 wurde sie mit Linden bepflanzt. Ein schöner Spaziergang, teilweise am Alten Botanischen Garten vorbei, der 1736 angelegt wurde.

Bismarckhäuschen-Ottilienmühlrad

Bürgerstr. 27, 37073 Göttingen, Tel. 48 58 44; Öffnungszeiten: Di 10 – 13 Uhr, Mi, Do, Sa 15 – 17 Uhr.

Seit 1362 verstärkte die Stadt Göttingen ihre alten Befestigungsanlagen und errichtete einen polygonalen Turm am Einfluss des Leinekanals, um die dahinter liegenden Mühlen zu schützen. Dieser Turm wurde später als Gartenhaus genutzt und an Studenten vermietet. Vom Frühjahr bis zum Herbst 1833 war Otto v. Bismarck Mieter dieses Häuschens, das dann ab Ende des 19. Jahrhunderts das „Bismarckhäuschen" wurde und heute als Gedenkstätte genutzt wird.

Planetenweg

(Siehe unter „In der Natur" in diesem Kapitel)

Jacobikirchturm und Bismarckturm

(Siehe unter „In der Höhe" in diesem Kapitel)

Erlebnisparks

Familien-Erlebnispark Ziegenhagen

Ortsteil Ziegenhagen, 37217 Witzenhausen, Tel. (0 55 45) 246, Fax (0 55 45) 63 72, www.erlebnispark-ziegenhagen.de; geöffnet: April, Sept., Okt. 10 – 17 Uhr, Mai bis August 9.30 – 18 Uhr, letzter Einlass 2 Stunden vor Parkschließung; Preise: Besucher unter 90 cm frei, von 90 – 120 cm 7,80 €, ab 120 cm 9,30 €, Senioren (ab 60 J.) 7,50 €, Gruppen ab 20 Personen bei Voranmeldung 0,80 € Rabatt; Anfahrt über die A7 zwischen Kassel und Göttingen, Ausfahrt Hann. Münden/ Hedemünden, ca. 4 km gut ausgeschildert.

Ein Angebot für die ganze Familie von jung bis alt, speziell für Kinder im Alter von zwei bis zwölf Jahren. Interessant bei jedem Wetter, durch zahlreiche wetterunabhängige Angebote im Park mit märchenhaften Überraschungen wie Dornröschen oder Frau Holle, Abenteuern, Aktion und Spiel wie z.B. der Abenteuer-Simulator, Auto- und Motorrad-Museum und Ausstellung von Puppen und Bergkristallen, Gespensterburg, Wasserhüpfer, Schwebebahn über den See, Tiere und Natur. 95% des Angebotes ist rollstuhlgerecht, damit auch kinderwagengerecht. Es gibt ein Familien-SB-Restaurant mit Caféterrasse. Grillhütten können für Familienfeiern wie Geburtstage nach Voranmeldung gemietet werden.

Der Mühlenplatz Freilichtaustellung

Touristinformation der Gemeinde Oberweser, „Haus des Gastes“, Brückenstraße 1, 34399 Oberweser, Telefon (0 55 72) 93 73 14, Fax (0 55 72) 93 73 40, verkehrsamt@oberweser.de, www.oberweser.de; „Der Mühlenplatz“ Tel. (0 55 72) 15 10; geöffnet: 1.4.– 30.9. tägl. 10 – 18 Uhr, 1.10.– 15.10. tägl. 10 – 17 Uhr; Preise: Erw. 2,– €, Kinder 0,75 €; Anfahrt über Autobahn A7 zwischen Kassel und Göttingen, Ausfahrt Hann. Münden/Lutterberg über B80 Hann. Münden – Reinhardshagen – Oberweser.

Auf einer Waldwiese am Ortsrand von Gieselwerder befindet sich eine 3.000 m² große Freilichtausstellung. In der weiträumigen, liebevoll gestalteten Anlage stehen Wassermühlen, Burgen und Schlösser, Kirchen und Rathäuser. Es sind Miniaturen von Bauwerken aus alter Zeit, originalgetreu nachgebildet im Maßstab 1:25 und 1:40. Hier können sich drehende Mühlräder und imposante Burgen und Schlösser angeschaut werden.

Freizeit- & Erholungszentrum Werra-Meißner-Kreis

Söderweg 10, 37276 Meinhard-Jestädt, Telefon (0 56 51) 62 00 oder (0 56 51) 2 22 72; E-mail info@freizeitzentrum-wmk.de; www.freizeitzentrum-wmk.de; Öffnungszeiten: 1.4–3.10. (nach Absprache auch länger); Anfahrt über A7, Abfahrt Kassel-Ost, B7 Richtung Hess. Lichtenau, dann ist Eschwege ausgeschildert.

Rund um das Nass: Erlebnisse zu Fuß, mit dem Rad oder mit dem Auto. Neben allem Nassen gibt es viele Möglichkeiten, sich die Zeit zu vertreiben: Basteln, Minigolf-Spielen, Touren mit der Bimmelbahn, Beach-Volleyball, Kinderspielplatz am Badestrand. Sprudelnder Spaß an allen Ecken und Enden: große Wasserrutsche, Badeseen (abgeteilt auch für die Kleinen, mit kleiner Wasserrutsche) und jede Menge Nass zum Schwimmen, Segeln, Surfen und Angeln. Das am Badestrand gelegene Restaurant stillt den Hunger. Auch Zelten und Campen ist mit 430 Stellplätzen für Dauercamper und 250 Zelt- und Durchgangscampingplätzen möglich.

Alternativer Bärenpark Worbis

Duderstädter Straße 36a, 37339 Worbis, Tel. (03 60 74) 9 29 66 oder (03 60 74) 3 05 53, Fax (03 60 74) 3 06 65, www.baerenpark.de, info@baerenpark.de; geöffnet: täglich 10–19 Uhr, im Herbst/Winter Schließung bei Dunkelheit; Preise: Erw. 6,– €, Kinder (9–14 J.) 3,50 €, Gruppen ab 10 Pers. Erw. 4,– €, Kinder 2,50 €; Familienkarte (2 Erw., 2 Kinder) 17,– €, jedes weitere Kind 2,50 €; Anfahrt über B27, dann B446, dann B247 nach Duderstadt unter weiter nach Worbis.

(Siehe auch unter „Unternehmungen–Tiere und Pflanzen“)

Sommerrodelbahn St. Andreasberg

Alberti-Lift GmbH, 37444 St. Andreasberg, Telefon (0 55 82) 265, Fax (0 55 82) 83 24, www.sankt-andreasberg.de; Preise: Erw. 1,60–3,20 €, Kinder 1,30–2,80 €; bei trockenem Wetter zw. April und Oktober täglich von 9.30 Uhr bis 17.30 Uhr geöffnet; Anfahrt über A7 bis Ausfahrt Seesen/Harz, auf der B243/B27 über Osterode, Herzberg bis Bad Lauterberg, Ort durchfahren in Richtung Braunlage/Sankt Andreasberg, vor der DETA GmbH nach links abbiegen in Richtung Sankt Andreasberg.

Über einen Sessellift geht es hinauf zur Superrutschbahn, dann 550 m lang bergab bei 130 m Höhenunterschied. Ein riesiges Vergnügen.

Kletterwald St. Andreasberg (Bergsport-Arena)

Bergsport Arena GmbH, Hinterstraße 3, 37444 Sankt Andreasberg, Tel (0 55 82) 81 54, Fax 99 99 83, info@bergsport-arena.de, www.harz-hochseilgarten.de; geöffnet April bis Oktober; Anfahrt: auf der Homepage ist eine Beschreibung mit Karte.

Der Hochseilgarten ist ein Hindernisparcours an naturbelassenen Bäumen. Diverse Seil- und Hängebrücken, Netze, Balken- und Kletterwände bieten den Teilnehmern spannende Aufgaben. Bequeme Kleidung und festes Schuhwerk sind empfehlenswert. Nach ausführlicher Sicherheitseinweisung wird die Kletterausrüstung angepasst und die Klettertour kann beginnen.

Tipp: Über die Bergsportarena werden auch Kanufahrten, Moutainbiking und Felsenklettern sowie im Winter Snowboarding und Skifahren angeboten.

Märchengrund Bad Sachsa

37441 Bad Sachsa, Telefon (0 55 23) 34 34, www.harzpoint.de; Öffnungszeiten: Sommer dienstags bis sonntags 13–18 Uhr, Winter dienstags bis sonntags 10–17 Uhr; Preise: Erw. 2,– €, Kinder 1,50 €.

Besonders kleinere Kinder freuen sich über einen Besuch im Märchengrund. Dieser bereits im Jahre 1910 gegründete Märchenpark ist einer der ältesten in Deutschland. Hier sehen Sie Spielszenen aus vielen bekannten Märchen mit elektrisch betriebenen Figuren.

Wurmbergseilbahn

Am Amtsweg 5, 38700 Braunlage, Telefon (0 55 20) 9 99 30, Fax (0 55 20) 99 93 29, www.wurmberg-seilbahn.de.

Mit der Wurmbergseilbahn geht es hoch auf den Wurmberg, dort können dann spezielle Roller ausgeliehen werden, mit denen man den Berg hinabfahren kann. Ein besonderer Spaß für die Kinder.

Märchenwald Bad Grund

37539 Bad Grund, www.bad-grund-harz.de; Öffnungszeiten Mai–Okt. 10–17.30 Uhr, montags geschlossen; Preise: Erw. 1,50 €, Kinder 1,– €; gelegen zwischen Teufelstal und der Harzhochstraße (B242) gegenüber dem Parkplatz Tropfsteinhöhle; Anfahrt über A7 bis Abfahrt Seesen/Harz, dann B238 und B243 Richtung Osterode bis Ausfahrt Clausthal-Zellerfeld, ab da B242 bis Bad Grund.

Das Märchental wurde von einem Bergmann der Erzgrube „Hilfe Gottes“ in mühevoller Handarbeit über 30 Jahre lang erbaut. Mit den geschnitzten Märchenfiguren werden bekannte Märchen wie Schneewittchen und die sieben Zwerge, Hänsel und Gretel, Rotkäppchen und Dornröschen in fünf Bühnenbildern dargestellt. Diese sind durch Knopfdruck im Drehmechanismus zu bewegen. Außerdem werden noch Sagen aus der Gegend veranschaulicht.

Harzer Modellbahnzentrum Lautenthal GmbH

Wildemanner Straße 9, 38685 Langelsheim, Ortsteil Lautenthal/Oberharz, Tel. (0 53 25) 54 61 00, Fax (0 53 25) 54 61 19, info@harzer-modellbahnzentrum.de, www.harzer-modellbahnzentrum.de; geöffnet: tägl. 10–18 Uhr (außer 24. u. 31. Dez.); Preise: Erw. 7,80 €, Kinder (4–14 J.) 3,90 €, Familien (2 Erw. u Kinder) 19,50 €, Wochen-/Jahreskarte

15,60/54,60 €, Film-/Foto-Erlaubnis 3,40 €, Gruppen ab 20 Pers. (Erw./Kinder) je 6,80/ 3,40 €; Anfahrt: 20 km von der A7, Abfahrt Rhüden; Bus-Anschluss ab Bahnhof Goslar/ Harz (Linie 831).

Diese Modellbahnanlagen auf über 1.000 m² bieten nicht nur den Eisenbahnfans faszinierende Stunden, sondern auch allen anderen Großen und Kleinen. Es verkehren hier mehr als 200 Züge, die alle digital gesteuert werden. Auf einer 10 m langen Anlage können die kleinen Besucher selbst spielen. Demnächst gibt es auch eine Außenanlage. Eine Cafeteria ist angeschlossen.

Brocken Coaster

Hagenstr. 6, 38879 Schierke, Telefon (03 94 55) 5 89 01, www.brocken-coaster.de; geöffnet: Mo–Fr 11–18 Uhr, Sa, So, feiertags 10–18 Uhr; Preise: Erw. 1,80 €, Kinder (bis 14 J.) 1,40 €, 5er Karten Erw. 7,50 €, Kinder 6,50 €, 10er Karten Kinder 12,– €.

Ein toller Ganzjahres-Rodelfahrspaß für die ganze Familie.

Rodelbahn Bodenwerder

Grüne Schleite 1, 37619 Bodenwerder, Tel. (0 55 33) 93 48 00, info@rodelpark.de, www.rodelpark.de; Öffnungszeiten: März alle Wochenenden sowie die gesamten Osterferien inkl. Feiertage von 10–18 Uhr, April von 10–18 Uhr, Mai-Juni von 10–19 Uhr, Juli–August von 10–20 Uhr, Sept.–Oktober von 10–18 Uhr, November die ersten 3 Sonntage von 11–17 Uhr; Fahrpreise: Rodelbahn Kinder bis 15 Jahren 1 Fahrt 1,50 €, 3 Fahrten 4,– €, 7 Fahrten 8,50 €, Erwachsene ab 16 Jahren 1 Fahrt 2,– €, 3 Fahrten 5,60 €, 7 Fahrten 12,50 €, Gruppen ab 15 Personen Ermäßigung; Anfahrt über A7, Abfahrt Seesen, rechts ab, nach ca. 1 km wieder rechts, Richtung Holzminden (B64), in Eschershausen Richtung Bodenwerder (B240).

Mit dem Lift geht es zum Gipfel, dann folgen 950 m Rodelspaß, das Gefälle beträgt ca. 10%. Kinder unter 8 Jahren dürfen nur in Begleitung Erwachsener oder mit Kindern ab 12 Jahren rodeln. Neben diesem großartigem Rodelspaß können eine Kindereisenbahn, Kinderkarussel, Riesenrutsche, Trampolin, Minigolf und vieles mehr genutzt werden. In den Restaurants genießen die Eltern ein leckeres Essen und können ihren Kindern beim Rodeln zusehen. In einer Grillstation kann selber gegrillt werden, es können Kindergeburtstage mit und ohne Animation gefeiert werden.

TIPP: In der Stadt lohnt sich ein Ausflug in das Münchhausen-Museum. (Siehe auch unter „Aktivitäten überdacht – Museen und Bergwerke")

Familienpark Sottrum

Ziegeleistr. 28, 31188 Holle/Sottrum, Tel. (0 50 62) 88 60, mail@familienpark-sottrum.de, www.familienpark-sottrum.de; geöffnet: 1.4.–15.10. tägl. 10–18 Uhr; Preise: Kinder (2–14 J.) 6,– €, Erw. (15–80 J.) 6,50 €,

Senioren und Kleinkinder frei, Gruppen bitte vorher anmelden; Anfahrt über die A7, Abfahrt Derneburg, dann den Hinweisschildern „Freizeitpark Sottrum" folgen; aus Richtung Salzgitter auf den Zubringer zur A7, Ausfahrt Grasdorf, Richtung Holle/Nette und dann den weißen Hinweisschildern folgen; über die B6 bis zum Bereich Holle und dann ebenfalls den weißen Hinweisschildern folgen.

Im Familienpark Sottrum kommen vor allem Kinder bis ca. 12 Jahre auf ihre Kosten, es wird viel Wert auf den Umgang mit der Natur gelegt. Mit Flößen und einer Fähre kann man über einen kleinen See fahren, Dinosauriernachbildungen stehen auf einer Wiese. Ein Riesenrad wird durch Fahrradantrieb der Erwachsenen in Fahrt gebracht, eine Riesenrutsche bringt viel Schwung. Edelsteinsuchen und Goldwaschen sind besonders beliebt. Im Reich der Sinne können optische und akustische Phänomene bestaunt oder der Gleichgewichtssinn getestet werden. Ponyreiten, ein Streichelzoo und viele andere liebevoll gestaltete Areale runden das Angebot ab und lassen keine Langeweile aufkommen. Auch für das leibliche Wohl ist gesorgt, neben Gastronomie gibt es 21 Grillplätze zur Selbstversorgung. Besonders bei schönem Wetter unbedingt einen Ausflug wert. Ein Campingplatz ist angeschlossen.

Pullman City II

Am Rosentale 1, 38899 Hasselfelde/Harz, Tel. (03 94 59) 73 10, Info@pullmancity-2.de, www.pullmancity-2.de; Öffnungszeiten: tägl. 10 – 13 Uhr, einen Monat Betriebsferien, meist im November; Preise: Kinder von 4 Jahren bis 1,30 m 3,– €, Kinder/Jugendliche von 1,31 m bis 16 Jahren 8,– €, Erwachsene ab 17 Jahren 12,– €, Erwachsene und 2 Kinder bis 1,30 m 29,– €, Family Sunday Special (2 Erwachsene und 4 Kinder) 25,– €, Mo und Fr ½ Eintrittspreis mit Ausnahme von Feiertagen und Sonderveranstaltungen, Gruppen ab 15 Pers. Schüler (bis 11 Jahre) 4,– €/Pers., ab 12 Jahren 6,– €/Pers., Erw. ab 17 Jahren 9,– € /Pers., Geburtstagskinder frei.

Auf einem Areal von 100.000 m² wurde hier eine Westernstadt nachgebaut, die in der Mitte des 19. Jahrhunderts anzusiedeln ist. Pullman City II ist dabei völlig gewaltfrei. Ein breites Unterhaltungsprogramm und stündlich wechselnde Showprogrammpunkte werden durch Themenparks ergänzt.

Rastiland

Quanthofer Str. 9, 31020 Salzhemmendorf, Telefon (0 51 53) 68 74, info@rasti-land.de, www.rastiland.de; Öffnungszeiten: in den Osterferien tägl. von 10 – 17 Uhr, den übrigen April nur Sa u. So 10 – 18 Uhr, Mai bis Ende Sept. tägl. 10 – 18 Uhr, Herbstferien tägl. 10 – 18 Uhr, den restlichen Oktober nur Sa/So 10 – 18 Uhr; neu ist ein Weihnachtsmarkt von Ende November bis kurz vor Weihnachten (Daten wechselnd) immer Fr 15 – 18.30 Uhr und Sa u. So von 13 – 18.30 Uhr; Eintrittspreise:

Kinder bis 3 Jahren frei, Kinder und Jugendl. (3–11 J.) 15,– €, Erw. (ab 12 Jahre) 17,– €, Gruppen ab 20 Personen (3–11 Jahre) 13,– € (ab 12 Jahre) 15,– €; gelegen an der B1 Hildesheim-Hameln, zwischen Mehle und Benstorf, Abfahrt Quanthof. Bahnhof Osterwald (1,5 km), Bahnhof Elze (7 km).

Dieser mittlerweile über 30 Jahre alte Freizeitpark wird ständig erweitert und modernen Anforderungen angepasst. Neben einer Go-Kart-Rennbahn, Rafting-Anlage, Abenteuerfahrt durch die Piratenstadt, Seilbahnen, Wildwasserbahnen, Fahrgeschäften und Wasserrutschen gibt es noch eine Vielzahl von Attraktionen, die Kindern und Erwachsenen jeden Alters gleich viel Spaß machen.

Märchenwald Bad Harzburg

Nordhäuser Str. 1a, 38667 Bad Harzburg, Telefon (0 53 22) 35 90, Fax (0 53 22) 55 96 73, zum@maerchenwald-harz.de, www.maerchenwald-harz.de; geöffnet: März–Okt. tägl. 10–18 Uhr, Nov.–Feb. 10–17 Uhr, montags Ruhetag, Dez. u. Jan. nur Fr, Sa u. So geöffnet, 26.12–08.01 tägl. 10–17 Uhr (geschlossen 24./25.12. und 01.01.); Preise: Erw. 4,– €, Kinder bis 12 J. 3,– €, Familienkarte (2 Erw., 2 Kinder) 12,– €; freitags (außer Feiertage) Familientag: Erw. 3,– €, Kinder 2,– €, Gruppen ab 12 Personen telefonisch anmelden; gelegen in Bad Harzburg an der B4 Braunschweig–Braunlage, direkt an der Hauptdurchgangsstrasse, gegenüber der Bergbahn am Fuße des Burgberges.

In diesem kleineren, netten Märchenwald finden sich neben zauberhaften Darstellungen von Szenen aus den bekanntesten Märchen eine naturgetreue Modellanlage der Harzquer- und Brockenbahn, ein Kinderverkehrslehrgarten, Spielgeräte, Ringcartbahn, Wasserspiele, Erlebnisspielplatz, Springburg und ein Kinderkasperletheater. Besonders für kleinere Kinder geeignet.

Krodoland

Fasanenstr. 21, 38667 Bad Harzburg, Tel. (0 53 22) 87 73 32, info@krodoland.de, www.krodoland.de.

(Siehe unter "Aktivitäten überdacht")

Skyrope Hochseilpark Bad Harzburg

Parcours: Im Kalten Tal, 38667 Bad Harzburg; Team Skyrope: Schützenplatzweg 7–11, 38700 Hohegeiss, Telefon (03 94 57) 9 86 20,

Fax (03 94 57) 9 86 22, www.skyrope.de, mail@skyrope.de; geöffnet: Di 14–18 Uhr (Treffpunkt 14 u. 16 Uhr), So 10–18 Uhr (Treffpunkt 10, 12, 14.30 u 16.30 Uhr); Preise: „Skyrope special" (1,5–2 Std.) 20,– €, „Skyrope family" (2 Erw. u 2 Kinder, 1,5–2 Std.) 60,– €, 1 Erw. u 2 Kinder 50,– €, jedes weitere Kind 10,– €, Big Swing o. Pamper Pole 5,– €; Anfahrt: ab Bad Harzburg auf der B4 Richtung Torfhaus.

Der Hochseilpark ist sternförmig aufgebaut und einer der größten und vielfältigsten Parks Deutschlands. Alle Aktionen werden von mindestens zwei Trainern betreut, Sicherheit ist das oberste Gebot. Das Mindestalter ist 12 Jahre, Mindestgröße 150 cm. Ein irres Erlebnis.

Seilbahnen Thale Erlebniswelt

www.seilbahnen-thale.de

Am Eingang zum Grand Canyon des Harzes liegt vor imposanter Kulisse ein kleines Freizeitparadies mit 20 kleinen und großen Attraktionen. Mit der Kabinenbahn gondelt man zum Hexentanzplatz, dann geht es mit der Bobbahn ins Tal, fast 1.000 m abwärts mit vielen Kurven und 40 km/h.

Dinosaurierpark Münchehagen

Alte Zollstraße 5, 31547 Rehburg-Loccum Ortsteil Münchehagen, Telefon (0 50 37) 20 75, dino-park@t-online.de, www.dino-park.de; Öffnungszeiten: 15. Januar bis 28. Februar 10–16.30 Uhr, 1. März bis 31. Okt. 9–19 Uhr, 1. bis 27. Nov. 10–16.30 Uhr; Preise: Kinder (4 bis 12 Jahre) 7,– €, Erw./Jugendl. (ab 13 J.) 8,50 €, Gruppen ab 20 Personen 4–12 Jahre 6,– €, Erwachsene 7,– €; Nähe Steinhuder Meer, an der B 441.

Auf einem 2,5 km langen Rundweg können 120 Dinosaurier-Rekonstruktionen in Originalgröße bestaunt werden, mit maximal 45 m Länge und 9 m Höhe. Der Rundweg führt durch verschiedene Erdzeitalter, er zeigt damit die Entwicklung der faszinierenden ausgestorbenen Riesenechsen bis zu ihrem Untergang. Ein museumspädagogischer Dienst bietet verschiedene Mitmachangebote an, in einer Halle finden Ausstellungen über Dinosaurier und Ausgrabungen statt. Versteinerte Originalknochen sind die Grundlage für Skelettrekonstruktionen. Nach dem Rundweg lädt ein SB-Restaurant zum Verweilen ein. Die Anlage ist behindertengerecht ausgebaut. Aktionstage auf Anfrage.

Platz für eigene Notizen

Indoor-Spielparks

Funsporthalle Göttingen

Der Träger der Funsporthalle ist der SC Hainberg 1980 e.V., Bertha-von-Suttner-Str. 2; Öffnungszeiten: Di 17–19 Uhr, Do 15–18 Uhr, Fr 15–18 Uhr. Die Halle kann auch von Schulklassen oder privaten Gruppen gemietet werden; Mietpreis: Mitglieder ½ Tag 50,– €, 1 Tag 100,– €, Nichtmitglieder ½ Tag 70,– €, 1 Tag 120,– €, Schulklassen bis 25 Schüler 3,– €/Schüler, ab 25 Schüler 2,50 €/Schüler; Ansprechpartner: Yvonne Hübner, (01 78) 8 46 38 51 9–18 Uhr, E-mail funsporthalle@sc-hainberg.de, Internet: www.sc-hainberg.de. Anfahrt über die Ossietzkystr. Richtung Zietenkasernen, bei Tegut rechts abbiegen, sich rechts halten und gegenüber der Kirche rechts auf den Parkplatz: die mit Graffiti bemalte Halle neben dem Sportplatz.

In einer ehemaligen Panzerhalle können die Kinder und Jugendlichen sich austoben. Empfehlenswert für Kinder und Jugendliche ab der 4. Klasse. Es stehen Inliner, BMX-Räder, Skateboards, Hockeyschläger und Bälle zu Verfügung. Verschiedene Elemente können zu einem Inliner-Parcours aufgestellt werden, eine Halfpipe lädt zum Skaten ein, Hockeytore und ein Kletterturm ergänzen das Angebot. Es gibt eine Musikanlage mit Radio und CD-Player, Tische und Bänke zum Aufstellen. Auch Schützer für Hand, Knie und Ellenbogen sind vorhanden. Hier haben auch ältere Kinder und Jugendliche ihren Spaß.

Tipp: Eignet sich sehr gut zum Geburtstagfeiern. Eigene Getränke und Verpflegung können mitgebracht werden.

Kinderstadt Göttingen

Die Kinderstadt GmbH, 37124 Rosdorf (in der Nähe des Kiessees), Tel. (05 51) 3 81 90 20, Fax (05 51) 3 81 64 79, www.die-kinderstadt.de oder www.kinderstadtxxl.de; Öffnungszeiten: Mo – Fr 14 – 19 Uhr, Sa – So 11 – 19 Uhr, in den Ferien und an Feiertagen 11 – 19 Uhr; Kinder Tageskarte 6,80 €, 5er-Karte 32,– €, 10er-Karte 60,– € Erwachsene: Tageskarte 3,20 €, 5er-Karte 14,50 €, 10er-Karte 27,– €; Anfahrt: mit dem öffentlichen Nahverkehr Linie 14, Haltestelle Rischenweg, mit dem Auto Autobahnabfahrt Göttingen-Süd, bis zur Kreuzung am Kaufpark, abbiegen Richtung Rosdorf, an der 3. Ampel rechts, an der nächsten Ampel links, links halten bis zum Ende der Straße.

Nicht nur bei schlechtem Wetter eine tolle Alternative für Kinder zwischen 4 und 12 Jahren. Auf über 3.000 m² gibt es die unterschiedlichsten Spiel-, Krabbel- und Klettermöglichkeiten: Kinderkarussell, Trampolinspringen, Kletterlabyrinth, Riesenhüpfberg, Hüpfburgen und Ball-Kanonen-Stadion. Mit einer Erlebnisgastronomie auch zur Entspannung für die Erwachsenen.

Tipp: Kindergeburtstagsparty mit allem Drum und Dran.

Family Indoor Fun Kassel

Family Indoor Fun Kassel, Philippistr. 23, 34127 Kassel, www.fif-online.de, E-mail info@fif-online.de; geöffnet: Mo – Fr 14 – 19 Uhr, Sa – So 10 – 19 Uhr, in den hessischen Schulferien 10 – 19 Uhr. Erwachsene 3,– €, Kinder von 4 bis 12 Jahre 6,50 €, Kleinkinder von 1 bis 3 Jahre 3,50 €, Gruppen ab 10 Kinder 4,– € je Kind, Gruppen ab 20 Kinder 3,50 € je Kind, Di und Do halbe Eintrittspreise; Anfahrt aus Richtung B251/A44, B7/B83 auf die Wolfhager Str. und dann rechts ab in die Philippistr., aus Richtung Uni auf die Wolfhager Str. und links ab in die Philippistr., aus Richtung Bahnhof Wilhelmshöhe, Hauptbahnhof, Innenstadt und Auestadion, A49/A7 in die Tannenstraße, die in die Philippistr. übergeht.

Auf über 1.200 m² Fläche erwartet die kleinen Gäste eine riesige Kletterwelt, Hüpfburg, Ball Pool, Grand-Prix-Parcours, Kleinkinderland und Bistrobetrieb.

Tipp: Kindergeburtstag im FiF.

Krodoland Bad Harzburg

Krodoland, Freizeitpark Westerode, Fasanenstraße 21, 38667 Bad Harzburg, Ortsteil Westerode, Tel. (0 53 22) 87 73 32, Fax (0 53 22) 87 75 89, www.krodoland.de, E-mail info@krodoland.de; Mo bis So 10 – 19 Uhr, Do bis 20 Uhr; Kinder bis 2 Jahre 2,50 €, Kinder 4,– €, Erwachsene 1,– €, Familienkarte 10,– €; Anfahrt aus Richtung Braunlage, Ausfahrt Bad Harzburg-Zentrum/Westerode, aus Richtung Goslar und Hannover/ Braunschweig über die B6, Bad Harzburger Dreieck, Ausfahrt Westerode.

Auf 130.000 m² Erlebniswelt für die ganze Familie mit Spielscheune, Reitanlage, Swin-Golf, Maislabyrinth, Haustier-Streichelwiese, Kinderquad-Parcours, Ponyreiten auf Westernponys, Riesen-Rollenbahn und wechselnden Veranstaltungen wie Kürbisfest und Weihnachtsmarkt.

Bau-Spiel-Haus Thale

Bau-Spiel-Haus Thale, Otto-Schönermark-Straße 1, 06502 Thale, Tel. (0 39 47) 77 88 99, Fax (0 39 47) 77 90 77, www.bau-spiel-haus.de, E-mail info@bau-spiel-haus.de; Mo–Fr 10–20 Uhr, außerhalb der Ferien Mo geschlossen; pro Person 4,– €, dienstags Oma-Opa-Tag 10–20 Uhr halber Eintrittspreis für alle Großeltern; Anfahrt über B27 Richtung Herzberg/Bad Lauterberg/Blankenburg, dann B81 Richtung Hasselfelde, hinter Blankenburg in Richtung Thale.

Wetterunabhängiger Spielpark mit Superwellenrutsche, Trampolin, Kletterberg, Riesensandkiste, Schaukelparcours, Tischtennis, Baugerüst zum Spielen und vielem mehr. Im Bau-Bistro gibt es Diverses für den großen und kleinen Hunger.

Tipp: für Geburtstagsfeiern der ideale Partner.

Natur und Technik „überdacht"

Kornbrennerei Nörten-Hardenberg

Keilerland Hardenberg-Wilthen AG, Vorderhaus 2, 37176 Nörten-Hardenberg, Tel. (0 55 03) 80 22 79, www.keilerland.de; Anfahrt über die Umgehungsstraße (B3), Abfahrt Nörten-Hardenberg, an der Tankstelle links, an der zweiten Ampel rechts, am Ortsausgang unterhalb der Burg gelegen. Am Wochenende werden regelmäßige Führungen angeboten, dazu muss man sich im Keilerladen anmelden.

Auf einer Führung durch die Kornbrennerei erfährt der Besucher viel Interessantes und Wissenswertes.

Tipp: Gut mit einer Führung durch die Burg, einem Spaziergang durch den Park oder im Winter mit einer Schlittschuhkür auf der Eisbahn zu verbinden.

Europäisches Brotmuseum Ebergötzen

Göttinger Straße 7, 37136 Ebergötzen, Tel. (0 55 07) 99 94 98, Fax (0 55 07) 99 95 94; Öffnungszeiten: Di–Sa 9.30–16.30 Uhr, Mo Ruhetag, Sonn- und Feiertag 9.30–17.30 Uhr, im Winter verkürzte Öffnungszeiten, zeitweise geschlossen; Anfahrt über die B27 Richtung Herzberg, dann ca. 17 km von Göttingen Ausfahrt Ebergötzen, in Ebergötzen ist das Brotmuseum gut ausgeschildert. (Siehe auch unter „Museen und Bergwerke" in diesem Kapitel)

Die Wilhelm-Busch-Mühle

Förderkreis Wilhelm-Busch-Stätten, Mühlengasse 8, 37136 Ebergötzen, Tel. (0 55 07) 71 81, Fax (0 55 07) 71 81, wilhelm-busch-wassermuehle@t-online.de, www.wilhelm-busch-muehle.de; geöffnet: täglich 9–13 Uhr und 14–17 Uhr, sonn- und feiertags 10–13 Uhr und 14–17 Uhr, letzter Einlass 12.30 bzw. 16.30 Uhr, Mo nach Vereinbarung; Preise: Erw. 3,50 €, Erw. in Gruppen ab 20 Pers. 2,70 €, Studenten/Behinderte/Altenh. 2,20 €, Kinder 1,60 €, Gruppenbesuche vorher anmelden; Anfahrt über die B27 Richtung Herzberg, dann ca. 17 km von Göttingen Ausfahrt Ebergötzen. (Siehe auch unter „Museen und Bergwerke" in diesem Kapitel)

Uhrenmuseum

Elisabethstr. 14, 37539 Bad Grund, Telefon (0 53 27) 10 20; Öffnungszeiten: Di–So 10–18 Uhr, Mo geschlossen; Internet: www.fahrschulerichter.de/uhren. (Siehe auch unter „Museen und Bergwerke" in diesem Kapitel)

Automuseum Störy

31667 Bockenem-Störy, Telefon (0 50 67) 759, Fax (0 50 67) 6 92 96; geöffnet: 15. März bis 31. Okt., samstags, sonntags und feiertags von 10–18 Uhr durchgehend, Gruppen ab 20 Pers. nach Vereinbarung; Erw. 3,60 €, Schüler u. Stud. 3,10 €, Kinder bis 12 Jahre 2,10 €, Kinder bis 6 Jahre frei; Anfahrt über A7, Abfahrt Bockenem zur B243 Richtung Hildesheim.

Das Museum wurde vor 30 Jahren eröffnet und zeigt auf 2.200 m² 130 Kleinmobile, mehr als 130 Motorräder, Roller und Mopeds aus den goldenen 50er Jahren. Daneben werden in einer neu eröffneten

Halle die den Verkehr betreffenden Relikte der ehemaligen DDR gezeigt. Zusätzlich werden Mode, Werbung, Kleidung, Wohnzimmereinrichtungen und automobiles Spielzeug aus der Nachkriegszeit präsentiert. Anschließend kann im museumseigenen Bus-Cafe hausgebackener Kuchen probiert werden.

Harzer Modellbahnzentrum

Wildemanner Straße 9, 38685 Langelsheim, Ortsteil Lautenthal/Harz, Tel. (0 53 25) 54 61 00, Fax (0 53 25) 54 61 19, www.harzer-modellbahnzentrum.de; Öffnungszeiten: tägl. 10 – 18 Uhr (außer 24./31.12.); Anfahrt: 20 km von der A7, Abfahrt Rhüden; Bus-Anschluss ab Bahnhof Goslar/Harz (Linie 831). (Siehe auch unter „Aktivitäten im Freien – Erlebnisparks")

Harzplanetarium Wernigerode

Walther-Rathenau-Str. 9, 38855 Wernigerode, Tel. (0 39 43) 60 20 96 oder (01 70) 8 08 27 10, www.harzplanetarium.de; Sternenführung Dauer ca. 1 Std.

Im Sternentheater am Fuße des Schlossberges flimmern 3.000 Sterne, ebenso viele wie in einer sternenklaren Nacht zu sehen sind. Der Kuppelraum misst 8 Meter im Durchmesser, in der Mitte steht ein Zeiss-Planetarium. 70 Besucher finden hier Platz und können einen interessanten Himmelsspaziergang erleben. Es werden Vorführungen speziell für Kinder angeboten.

Autostadt Wolfsburg

StadtBrücke, 38440 Wolfsburg, Telefon (0 53 61) 40 63 38 oder (08 00) 2 88 67 82 38, bildung@autostadt.de, service@autostadt.de, www.autostadt.de; geöffnet: Sommer 9 – 20 Uhr, Winter 9 – 18 Uhr; Preise: Erw. 14,– €, Kinder (6 – 14 J.) 6,– €, Ermäßigte 11,– €; Familienkarte 38,– €, bei Gruppen ab 20 Personen: Erw. 13,– €, Ermäßigte 10,– €; Anfahrt: neben Phæno Wolfsburg (s. dort).

Die Autostadt bietet natürlich in erster Linie Autos in allen Variationen, Oldtimer, Luxuslimousinen und Einzelteile. Daneben wird für die Kids unheimlich viel angeboten, sie können einen Kinderführerschein machen, Autos konstruieren, physikalische Gesetze erproben und ihre Reaktionsfähigkeit testen. Es gibt nette Spielplätze, einen Simulator und ein Spielcenter, wo die Kinder betreut werden und die Eltern mit einem Pieper versorgt die Autostadt besichtigen können. Außerdem existiert ein umfassendes Bildungsangebot für Kinder und Jugendliche, z. B. „Die MärchenTour", „Fantasiereise", „Die Detektive", „Die Autostadt-Piraten", „Die Sonne macht's" und vieles mehr. Das Programm kann über die oben genannte Internet- oder E-mail-Adresse erfragt werden. Auch für das leibliche Wohl ist ausreichend gesorgt.

Als Tagesausflug gut geeignet, die Zeit vergeht wie im Flug.

Phæno Wolfsburg

Die Experimentierlandschaft, Willy-Brandt-Platz 1, 38440 Wolfsburg, www.phano.de, Infocenter: (01 80) 1 06 06 00; Öffnungszeiten Di – So 10 – 18 Uhr; Erw. 11,– €, Kinder und Jgdl. 6 – 18 Jahre 7,– €; Anfahrt über die A7 bis Autobahndreieck Salzgitter, dort auf die A39 Richtung Braunschweig, Autobahnkreuz Braunschweig-Südwest auf die A391. Am

Autobahnkreuz Braunschweig-Nord auf die A2 Richtung Berlin, am Kreuz Wolfsburg/ Königslutter fahren Sie von der A2 auf die A39 bis zur Abfahrt Wolfsburg-West, weiter in Richtung Wolfsburg-Zentrum, dem Parkleitsystem „Nordkopf Phæno" bzw. „Hauptbahnhof" folgen; liegt in unmittelbarer Nachbarschaft des Hauptbahnhofes.

Dieses futuristische Gebäude wurde ganz neu gebaut und die Experimentierlandschaft Phæno erst Ende 2005 eröffnet. Experimentierstationen laden die Besucher dazu ein, Phänomene aus Biologie, Physik, Chemie, Mathematik und Technik zu entdecken. Der Besucher greift selbst in den Versuchsablauf ein und beeinflusst so den Ausgang, falls Hilfe und Erklärungen benötigt werden, steht jederzeit ein Phæno-Mitarbeiter bereit. Das inhaltliche Programm ermöglicht allen Besuchern altersentsprechend einen Einblick in die faszinierenden Welten von Naturwissenschaften und Technik. Die Kinder können z. B. mit Kittel, Schutzbrille und Handschuhen ausgestattet Mundschleimhautzellen anfärben und unter dem Mikroskop anschauen oder eine eigene Kugelbahn kreieren. Es werden für bestimmte Gruppen und Schulklassen auch individuelle Touren angeboten, außerdem gibt es neben einigen feststehenden Angeboten ein immer wechselndes Programm. Neben „Picknickzonen" lädt ein italienisches Selbstbedienungsrestaurant zum Essen ein. Große verschließbare Boxen ermöglichen auch die Unterbringung von größerem Gepäck.

Eine tolle Möglichkeit, Kinder an die Naturwissenschaften heranzuführen.

Bergwerke:

Besucherbergwerk und Bergbaumuseum Rammelsberg

Silberbergwerk „Lautenthals Glück"

Oberharzer Bergwerksmuseum-Museum für Technik- und Kulturgeschichte

Kali-Bergbaumuseum

(Siehe unter „Museen und Bergwerke" in diesem Kapitel)

Museen und Bergwerke

Musikinstrumentensammlung im Accouchierhaus

Kurze Geismarstraße 1, 37073 Göttingen, Telefon (05 51) 39 50 75, Fax (05 51) 39 93 53, musik@gwdg.de, www.gwdg.de/~musik/index.htm; geöffnet: Während des Semesters Mo 16–18 Uhr oder nach Vereinbarung, Gruppenführungen bis max. 15 Personen nach Vereinbarung; Eintritt frei.

Das Accouchierhaus, von 1785 bis 1890 als erste Entbindungsklinik Deutschlands erbaut, beherbergt im zweiten Stock eine Musikinstrumentensammlung. Neben antiken Instrumenten sind auch moderne Exemplare aus aller Welt zu bewundern: Klaviere, Flöten und Saiteninstrumente sind ebenso wie Trommeln und Trompeten in allen Formen vorhanden. Darüber hinaus ist das Haus mit seiner sehenswerten Innenarchitektur einen Besuch wert.

Städtisches Museum Göttingen

Ritterplan 7–8, 37073 Göttingen, Telefon (05 51) 4 00 28 45, Fax (05 51) 4 00 20 59, museum@goettingen.de, www.goettingen.de/kultur/museum; geöffnet: Di–Fr 10–17 Uhr, Sa–So 11–17 Uhr; Preise: Erw. 1,50 €, Kinder 0,50 €, Gruppen ab 10 Personen 1,– €.

Das Städtische Museum befindet sich im ehemaligen Hardenberger Hof, dem einzigen Adelspalais der Stadt, aus dem Jahre 1592 und in der angrenzenden ehemaligen Posthalterei. Hier werden Objekte zur Stadt- und Universitätsgeschichte gezeigt. Bei Kindern sind vor allen Dingen die wechselnden Ausstellungen beliebt, z.B. die Lego- und Spielzeugausstellung und entsprechende Themennachmittage und Basteleien. Ab Juni 2006 können hier auch Geburtstspartys gefeiert werden.

Saline Luisenhall

Greitweg 48, 37081 Göttingen, Telefon (05 51) 9 30 26, Fax (05 51) 9 42 90, info@siedesalz.de, www.siedesalz.de; Preise: Gruppenführung 52,– €, Dauer 1,5 Std., Treffpunkt: Saline.

1853 wurde die kochsalzhaltige Quelle entdeckt und fortan Salz gekocht. Diese Tradition wird auch heute noch mit der Pfannensaline fortgesetzt, die einzigen Salzkocher Europas. Aus 450 Metern Tiefe wird die Natursole gefördert. Diese einzigartige Anlage ist unbedingt einen Besuch wert, anschließend kann man nach vorheriger Anmeldung im angeschlossenen Luisenhaller Badehaus in einem 18%-Natursolebad schweben.

Zoologisches Museum

Berliner Straße 28, 37073 Göttingen, Telefon (05 51) 39 54 42, Fax 39 55 79, www.gwdg.de, rwillma1@gwdg.de; geöffnet So 10–13 Uhr und nach Vereinbarung.

In diesem Museum finden sich viele verschiedene Tierexponate zu heimischen und zu fremden Tieren. Am tollsten ist ein riesiges Walskelett, das dort ausgestellt ist. Ein schöner Ausflug am Sonntagvormittag.

Museum für Geologie und Paläontologie

Goldschmidtstraße 3, 37077 Göttingen, Telefon (05 51) 39 79 00 oder (05 51) 39 79 98, Fax (05 51) 39 79 18, www.gwdg.de, mreich@gwdg.de; geöffnet: Mo–Fr 9–16 Uhr und nach Vereinbarung; Anfahrt über A7, Abfahrt Göttingen-Nord, den Autobahn-Zubringer an der Ampel geradeaus verlassen auf die B27, nach ca. 600 m (vor der Brücke) rechts ausfahren und auf die vierspurige Straße nach links einbiegen, hinter der Brücke rechts ab, 1. Abzweigung gleich wieder rechts ab auf den Parkplatz des Fachbereichs Geowissenschaften; mit Zug und Bus vom Bahnhof aus mit der Buslinie 8 oder 12 bis zur Haltestelle „Goldschmidtstrasse“ und dann dem Hinweisschild „Fachbereich Geowissenschaften“ folgen.

Das Museum beherbergt eine der großen geowissenschaftlichen Sammlungen Deutschlands. Es können viele auch für die Kinder interessante Ausstellungsstücke besichtigt werden, Ammoniten neben schönen, bunt schillernden und teilweise auch fluoreszierenden Gesteinen.

Völkerkundliche Sammlung

Institut für Ethnologie, Theaterplatz 15, 37073 Göttingen, Telefon (05 51) 39 78 94, www.gwdg.de, gkruege1@gwdg.de; geöffnet: So 10–13 Uhr; Preise: Erw. 3,– €, Kinder/Ermäßigte 1,50 €, Familienkarte (2 Erw. und 2 Kinder) 5,– €, Führungen bis 20 Personen 30,– bis 45,– €, Sonntag: Führung pro Person 5,– €, Eintritt außerhalb der Öffnungszeit 5,– €.

Die Völkerkundliche Sammlung ist ein wahrer Schatz der Universitätsstadt. Hier können sich die Kinder stundenlang aufhalten und Ausstellungsstücke aus aller Welt anschauen. Federschmuck, Kleidung, die kleinen Schuhe der Japanerinnen, Masken und Waffen aller Art bieten die Möglichkeit, über fremde Kulturen zu erzählen und nachzudenken.

Tipp: Mehrmals im Jahr werden samstags Themennachmittage angeboten, die sehr zu empfehlen sind. Für ein geringes Entgelt für Materialien tauchen die Kinder in eine andere Kultur ein. Musik, Bastelarbeiten und anschauliche Erzählungen helfen ihnen dabei, die Daten stehen im Göttinger Tageblatt auf der Kinderseite oder im Moskito.

Tipp: auch Kindergeburtstage können hier stattfinden.

Historische Spinnerei Gartetal

Steinsmühle 3, 37130 Gleichen-Klein Lengden, Tel. (0 55 08) 12 18, Fax (0 55 08) 99 97 30, info@historische-spinnerei.de, www.historische-spinnerei.de; Öffnungszeiten: für Einzelbesucher Di–Fr 10–12 Uhr, für Gruppen nach Vereinbarung; Preise: Erw. 2,50 €, Ermäßigte 1,50 €, Familienkarte 5,– €.

Hier erleben die Kinder Wissenswertes über Wolleverarbeitung, Garnherstellung und Papier. Ein vollständig erhaltener Maschinenpark zur Streichgarnproduktion vermittelt eindrucksvolle Einblicke in die frühindustrielle Garnindustrie. Daneben kann der Weg der Wolle vom Schaf bis zur Verarbeitung nachvollzogen werden. Vor 400 Jahren wurde die Historische Spinnerei erstmalig urkundlich erwähnt. Anfangs war sie Getreidemühle, später wurde sie zur Papiermühle umfunktioniert, sodass auch die Papierherstellung anschaulich dargestellt ist. Häufige Ausstellungen, kulturelle Darbietungen, Kinderfeste und Mitmachaktionen wie Spinnen, Färben, Weben und Papierherstellung werden geboten.

Europäisches Brotmuseum Ebergötzen

Göttinger Straße 7, 37136 Ebergötzen, Tel. (0 55 07) 99 94 98, Fax (0 55 07) 99 95 94, www.brotmuseum.de, E-mail info@brotmuseum.de; Öffnungszeiten: Di–Sa 9.30–16.30 Uhr, Mo Ruhetag, Sonn- und Feiertag 9.30–17.30 Uhr, im Winter verkürzte Öffnungszeiten, zeitweise geschlossen; Anfahrt über die B27 Richtung Herzberg, dann ca. 17 km von Göttingen Ausfahrt Ebergötzen, in Ebergötzen ist das Brotmuseum gut ausgeschildert.

In diesem Museum wird die 8.000 Jahre alte Kulturgeschichte des täglichen Brotes an zahlreichen Exponaten dargestellt. An der Kasse des Museums können die Kinder sich einen Rallye-Fragebogen holen und so den Weg vom Korn zum Brot verfolgen. In den Museumsräumen sind viele Mäuse versteckt, die gesucht und gezählt werden können. Es gibt eine Freilichtausstellung mit einem Kräuter- und Getreidegarten, wo man mehr über die Entwicklung des Getreides erfahren kann. Im Garten hinter dem Museum sind ein Forellenteich, ein Holzofen, in dem Brot gebacken werden kann, und ein alter Ritterturm zu besichtigen. Nach Voranmeldung können hier Gruppen Brotback-Aktionen durchführen. Es gibt Malwettbewerbe und man kann dort auch Kindergeburtstage feiern. Ansprechpartner: Wilhelm Broinjes, Museumspädagogischer Dienst.

Die Wilhelm-Busch-Mühle

Förderkreis Wilhelm-Busch-Stätten, Mühlengasse 8, 37136 Ebergötzen, Tel. (0 55 07) 71 81, Fax (0 55 07) 71 81, wilhelm-busch-wassermuehle@t-online.de, www.wilhelm-busch-muehle.de; geöffnet: täglich 9 – 13 Uhr und 14 – 17 Uhr, sonn- und feiertags 10 – 13 Uhr und 14 – 17 Uhr, letzter Einlass 12.30 bzw. 16.30 Uhr, Mo nach Vereinbarung; Preise: Erw. 3,50 €, Erw. in Gruppen ab 20 Pers. 2,70 €, Studenten/Behinderte 2,20 €, Kinder 1,60 €, Gruppenbesuche vorher anmelden; Anfahrt über die B27 Richtung Herzberg, dann ca. 17 km von Göttingen Ausfahrt Ebergötzen.

Hier wird ein lehrreiches Stück Geschichte zu Leben und Werk von Wilhelm Busch präsentiert. In kurzen Vorträgen, die auch auf Kinder zugeschnitten sind, erfährt man viel über Wilhelm Busch. In der alten Mühle wird gezeigt wie damals der Müller gelebt hat und wie er aus Korn mit Mahlsteinen Mehl gemahlen hat. Es gibt eine Mausefallenausstellung und hinter der Mühle wird das Mühlrad noch mit Wasserkraft angetrieben. Auch hier können Kindergeburtstage nach Anmeldung durchgeführt werden, Ansprechpartner: Susanne Simon.

Steinarbeitermuseum

Kirchweg 8, 37139 Adelebsen, Telefon (0 55 06) 89 70 oder 10 81; geöffnet: Mai bis Okt., So 15 – 17 Uhr, Gruppen nach Vereinbarung.

Das Steinarbeitermuseum befindet sich in der unter Denkmalschutz stehenden alten Schule direkt neben der Kirche. Gezeigt werden der Berufsalltag der Steinarbeiter, eine dörfliche Küche und die Arbeits- und Lebenswelt der Frauen der Steinarbeiter.

Kali-Bergbaumuseum

Walbergstr. 1, 37170 Uslar-Volpriehausen, Telefon (0 55 73) 294; geöffnet April – Okt. Sa 15 – 17 Uhr, Gruppen nach Vereinbarung, Führungen nach Vereinbarung; 1,– € pro Person.

Dieses Museum wurde 1985 gegründet. Es beschäftigt sich mit der Darstellung des Stein- und Kalisalzbergbaus. Eine Grubenfahrt ist zwar nicht mehr möglich, da der Schacht 1945 „abgesoffen“ ist, aber viele originale Arbeitsgeräte, Maschinen, Lampen und Fototafeln vermitteln einen guten Eindruck von der Arbeit in einem Salzbergwerk.

Heimatmuseum Northeim

Am Münster 32/33, 37154 Northeim, Telefon (0 55 51) 6 50 60; geöffnet Di – So 10 – 12 Uhr, Di – Fr 14 – 17 Uhr.

Das Museum befindet sich in einem alten Fachwerkhaus, der Pilgerherberge St. Spiritus, die im 15. Jahrhundert erbaut wurde. Es gibt viele Dinge zu entdecken, die das alltägliche Leben zu früheren Zeiten veranschaulichen.

Museum im Welfenschloss

Schlossplatz, 34346 Hann. Münden, Tel. (0 55 44) 552, www.hann-muenden.net; Öffnungszeiten: Mi–Fr 10–12 Uhr und 14.30–17 Uhr, Sa 10–12 Uhr und 14.30–16 Uhr, So 10–12.30 Uhr; Preise: Erw. 1,70 €, Kinder (ab 7 J.) 1,– €, Führungen (Dauer 45 Min.) 20,– € bis max. 25 Personen; Anfahrt von Göttingen auf die B3 über Dransfeld nach Hann.Münden oder A7 Richtung Kassel Abfahrt Hann. Münden-Hedemünden.

Foto: Andrea Wüstenhagen

Das Museum ist z. T. sehr kinderfreundlich aufgebaut. Es gibt einen Kaufmannsladen für Kinder, Exponate zur Geschichte, zur Stadtarchäologie und es werden regelmäßig Sonderveranstaltungen angeboten.

Museum der Arbeit

Fuldabrückenstraße 22/24, 34346 Hann. Münden, Telefon (0 55 41) 3 27 12; geöffnet: Mai–Okt., Sa und So 12–17 Uhr, Sonderöffnungszeiten für Gruppen auf Anfrage möglich; Preise: Erw. 1,50 €, Kinder (ab 14 J.) 1,– €, Führung (Dauer 60 Min.) Erw. 1,50 €, Kinder 1,50 €.

Im Fährenpfortenturm, einem historischen Teil der mittelalterlichen Stadtbefestigungsanlage, erfahren die Besucher in authentischer Umgebung Arbeitsbedingungen und Arbeitsweisen der frühen industriellen Hagelschrotherstellung.

Tipp: Die Möglichkeit zur Turmbesteigung garantiert einen einzigartigen Blick über die Dächer der Altstadt.

Völkerkundliches Museum

Steinstraße 19; 37213 Witzenhausen; Tel. (0 55 42) 6 07 21 oder (0 55 42) 50 26 29; E-mail museum@ditsl.de; www.ditsl.de; geöffnet: 1. April–31. Okt., Mi 15–17 Uhr, So 15–17 Uhr; Eintrittspreis Erwachsene 2,50 €, Gruppen Erwachsene ab 10 Pers. 2,– €, mit Führung 3 €, Ermäßigte 1,50 €, Gruppen Ermäßigte ab 10 Pers. 1,– €, mit Führung 2,– €, Familienkarte 6,50 €; Gruppenführungen nach Voranmeldung; Anfahrt siehe Gewächshaus Witzenhausen.

Das Völkerkundliche Museum ist das zweitgrößte Hessens und führt den Besucher mit mehr als 1.500 Exponaten aus Afrika, Asien, Ozeanien, Mittel- und Südamerika auf eine spannende Reise zu einer großen Vielfalt von Völkern.

Grenzlandmuseum Eichsfeld

Duderstädter Straße 5, 37339 Teistungen, Tel. (03 60 71) 9 71 12, Fax (03 60 71) 9 79 98, info@grenzlandmuseum.de, www.grenzlandmuseum.de; geöffnet: Di–So 10–17 Uhr, Montags geschlossen; Preise: Erw. 2,50 €, Ermäßigte 1,50 €, Schulklassen aus dem Eichsfeld frei, Führungen ab 10 Personen: 15,– €; Anfahrt über B27, dann Richtung Seeburg/Duderstadt auf die B247 abbiegen, direkt an der B247 zwischen

Duderstadt und Worbis, in Teistungen, ca. 35 km von Göttingen.

Dieses Museum eignet sich besonders für etwas ältere Kinder, die zum Beispiel die deutsche Geschichte in der Schule besprechen, aber auch jüngere Kinder ab 6 Jahren finden es gut. Im ehemaligen Zollverwaltungsgebäude des Grenzüberganges Duderstadt/Worbis befindet sich eine anschauliche Ausstellung zur deutschen Teilung. Es gibt interessante Videos über den Mauerbau und Grenzsperranlagen. Das erhaltene Zollabfertigungsgebäude, die Führungsstelle Alte Mühle und eine Garage mit Militärfahrzeugen können besichtigt werden. Außerdem werden in einem Konsum typische Waren der ehemaligen DDR gezeigt. Ein 4 km langer Rundweg führt über die Außenanlage des Museums, hier sind die ehemaligen Grenzsperranlagen gut zu sehen. Im Außengelände ist auch noch ein ehemaliger BGS-Hubschrauber ausgestellt. Hier kann man den Kindern ein Stück deutsche Geschichte anschaulich erklären.

Stockmachermuseum

Straße der Einheit 2, 37318 Lindewerra, Tel. (03 60 87) 9 83 00, Fax (03 60 87) 9 83 01, www.lindewerra.de; geöffnet vom 1.4.–31.10. So 13.30–17 Uhr und nach telefonischer Voranmeldung.

Das Stockmachermuseum besteht seit 1980. Es zeigt, wie in 32 Arbeitsgängen aus einem Rohling ein Wanderstock entsteht. Auch historische Stöcke, Spazier-, Kranken- und Jagdstöcke sind zu sehen.

Schon seit 150 Jahren werden in dem Werradorf Stöcke in Handarbeit produziert. Auch die ansässigen Stockmacher sind durchaus gewillt, Besuchern ihre Werkstatt zu zeigen.

Tipp: Lindewerra liegt direkt am Werraradweg, sodass man hier gut ein Päuschen einlegen kann um die Stockmacher-Werkstatt zu besichtigen.

Museum Schloss Herzberg am Harz

Welfenschloss, 37412 Herzberg am Harz, Telefon (0 55 21) 47 99, Fax (0 55 21) 85 21 10, touristinfo@herzberg.de, www.museum-schloss-herzberg.de; geöffnet: April–Okt Di–Fr 11–13 Uhr und 14–17 Uhr, Nov–März Di–Fr 11–13 Uhr und 14–16 Uhr, Sa und So 11–13 Uhr und 14–17 Uhr; Anfahrt über A7, Abfahrt Seesen/Harz, dann B243 Richtung Osterode/Herzberg am Harz.

Das Schloss wurde nach einem Brand im 16. Jahrhundert wieder aufgebaut. Es gibt eine Abteilung zur Stadtgeschichte, eine Dauerausstellung zu der wechselvollen Geschichte des Schlosses und seiner Besitzer und es bietet einen spannenden und unterhaltsamen Ausflug zu besonderen Handwerken, z.B. der Herzberger

Gewehrmanufaktur. Computer, Mal- und Rätselspiele werden für die Kinder angeboten.

Städtisches Museum Einbeck

Steinweg 11, 37574 Einbeck, Telefon (0 55 61) 97 17 10, Fax (0 55 61) 97 17 11, museum@einbeck.de, www.einbeck.de; geöffnet: Di–Fr 10–12 Uhr und 14–16 Uhr, Sa–So 11–16 Uhr; Preise: Erw. 1,50 €, Kinder (6–18 J.) 0,75 €.

Das Museum befindet sich in einem der schönsten alten Patrizierhäuser. Die Kinder können hier etwas über die Handwerkszweige erfahren, die für die Stadt besonders wichtig waren. Hierzu gehört z. B. der Blaudruck. Ausführlich und anschaulich wird diese Handwerkskunst dargestellt. Im Münzkabinett wird gezeigt, wie man im Mittelalter Münzen herstellte, und die Kinder können sogar eigenständig einen Einbecker Pfennig prägen.

Für Kinder gibt es spezielle Führungen und auch für Schulklassen besondere Angebote wie „Kochen wie im Mittelalter" und „Zeitreise" in die Vergangenheit. Das Museum wird gerade vollkommen neu gestaltet und eröffnet dann ab Juli 2006 mit neuen Präsentationen, unter anderem wird eine Fahrradausstellung eröffnet. Besonders auch Kinder sollen hier angesprochen werden, es gibt viel zum Anfassen.

Spielzeugmuseum Bad Lauterberg

Ritscherstraße 4, 37431 Bad Lauterberg, Telefon (0 55 24) 9 20 40, Fax (0 55 24) 55 06, info@badlauterberg.de; geöffnet: Di, Mi, Fr 14.30–17 Uhr, Do, Sa, So 10.30–12 Uhr und 14.30–17 Uhr, Mo geschlossen, Sonderöffnungszeiten für Gruppen auf Anfrage.

Dieses Museum bietet einen Einblick in das Kinderleben der Zeit von 1860 bis 1960. Es können Käthe-Kruse-Puppen, Kreisel, Autos, Puppenstuben, Schaukelpferde und Kaufmannsläden bestaunt werden. Auch ein Säuglingszimmer, Teile einer Schulklasse und eine Küche aus alten Zeiten sind ausgestellt.

19-Lachter-Stollen Wildemann

Tourist-Information, Bohlweg 5, 38709 Wildemann, Telefon (0 53 23) 61 11, info@harztourismus.com, www.harztourismus.com, www.19-lachter-stollen.de; Preise (mit/ohne Harzkarte): Erw. 3,50 €/4,– €, Kinder (ab 4 J.) 2,– €/2,30 €; Führungen tägl. 11 Uhr, Mai–Okt. 11, 14 und 15.30 Uhr, Febr.–April 11 und 14 Uhr, für Gruppen auch auf Anfrage.

Das Bergwerk und der Stollen waren bis 1924 in Betrieb, früher wurden hier Erze abgebaut. Begonnen wurde mit dem Stollenbau 1551, nach mühseliger Arbeit hatte er nach ca. 140 Jahren eine Länge von 8,8 km.

Grube Samson in St. Andreasberg

Am Samson, 37444 St. Andreasberg, Telefon (0 55 82) 12 49, Fax (0 55 82) 92 30 51, grube_samson@t-online.de, www.sankt-andreasberg.de; Öffnungszeiten: täglich

8.30 Uhr – 15.30 Uhr; Führungen täglich 11 und 14 Uhr, Gruppen mit Voranmeldung; Eintrittspreise: Erwachsene 4,50 €, Kinder 2,25 €; Anfahrt über die B27 Bad Lauterberg, hinter Bad Lauterberg links die L519 oder L520 nach St. Andreasberg.

Das Bergwerksmuseum Grube Samson zeigt Bergbautechnik aus dem 18. und 19. Jahrhundert. Die Anlagen sind teilweise noch im Originalzustand erhalten, die weltweit einzigartige Drahtseil-Fahrkunst macht die Grube international so bedeutungsvoll.

Große hölzerne Wasserräder, steile Leitern, hölzerne Tonnen und das originale Werkzeug der Bergleute vermitteln einen guten Einblick in die Arbeitsbedingungen im 19. Jahrhundert. Das große Kunstrad mit einem Durchmesser von 12 m ist drehbar und zeigt anschaulich das Funktionsprinzip eines Wasserrades. Der Weg aus dem Bergwerk führt durch die ehemalige Tagesrösche (Stollen) der Grube Samson. Die Ausrüstung für eine Führung wird gestellt, die Befahrung erfolgt über Treppen, es ist leicht feucht und kühl im Berg. Unbedingt empfehlenswert.

Harzer Roller-Kanarien-Museum Sankt Andreasberg

Am Samson 2, 37444 Sankt Andreasberg, Tel. (0 55 82) 12 49, Fax (0 55 82) 92 30 51, grube_samson@t-online.de, www.harzer-roller.de/kanarien/de/text/fuehrung.html; Führungen tägl. 9 – 12.30 Uhr und 13 – 16 Uhr, So 10.30 – 12.30 Uhr und 14 – 15.30 Uhr, Gruppen nach Vereinbarung; nicht geöffnet am 24.12 und 1.1., Anfahrt über die B27 Bad Lauterberg, hinter Bad Lauterberg links die L519 oder L520 nach St. Andreasberg, von der L520 links in die Promenade, dann links in die Obere Grundstr. und gleich wieder rechts in die Katharina-Neufang-Str., dann die erste Straße rechts.

Im Harzer Roller-Kanarien-Museum ist in einer liebevollen Ausstellung die Geschichte, die Zucht und die Haltung der Kanarienvögel zu sehen. Die Kanarienvögel hatten eine besondere Bedeutung für die Harzer Bevölkerung: Rationalisierungen im Bergbau konnten mit der Vogelzucht abgefangen werden. Teilweise gab es in St. Andreasberg 300 Kanarienzüchterfamilien. Die Räumlichkeiten des Museums befinden sich im Obergeschoss des Samsoner Gaipels, die Atmosphäre allein ist schon einen Besuch wert. Gut zu verbinden mit einem Besuch der Grube Samson. (Siehe auch unter „Grube Samson" in diesm Abschnitt)

Scholmzeche Aufrichtigkeit

Ritscherstraße 4, 37431 Bad Lauterberg, Tel. (0 55 24) 9 20 40, regelmäßige Führungen April – Oktober Di, Fr, Sa ab 15 Uhr, in den Ferien zusätzlich So 15 Uhr, November bis März, Fr und Sa ab 15 Uhr, Gruppen unbedingt vorher anmelden, auch sonst besser vorher anrufen; liegt direkt am Kurpark, zu erreichen über die Wilhelmi-Brücke (Höhe Tennisplatz), ist ausgeschildert.

Der heutige Besucherstollen der Scholmzeche wurde 1837 angelegt, im 2. Weltkrieg wieder geöffnet, erweitert und als Luftschutzstollen benutzt. Am Anfang der Führung bekommt jeder Besucher einen Schutzhelm und wird auf mögliche Gefahren hingewiesen. Die Führung ist sehr spannend, weil sie von ehemaligen Bergleuten begleitet wird, die viel persönliche Erlebnisse und Erfahrungen weitergeben. Es ist feucht und kühl im Berg, deshalb entsprechende Kleidung anziehen. Der zu besichtigende Teil des Stollens wurde in reiner Handarbeit mit Schlägel und Eisen in bis zu 4 m Höhe und 1,5 m Breite aufgefahren.

Tipp: Als Kindergeburtstag sehr zu empfehlen, kann mit einem Besuch des Vitamar-Wellenbades (siehe unter „Unternehmungen – Schwimmbäder"), mit einem Besuch des Spielzeugmuseums (siehe oben in diesem Abschnitt) oder mit einer Fahrt mit der Seilbahn auf den Hausberg verbunden werden.

Grenzlandmuseum Bad Sachsa

Hinterstr. 1a, 37441 Bad Sachsa/Tettenborn, Tel. (0 55 23) 99 97 73 oder (01 77) 5 31 92 31, Fax (0 55 23) 99 97 73, info@gm-badsachsa.de, www.gm-badsachsa.de oder www.bad-sachsa.de/grenzlandmuseum; Öffnungszeiten: So 10 – 12 Uhr, April – Okt. Mi 14 – 16 Uhr, meist auch an Feiertagen; Preise: Erw. 2,50 €, Erw. mit Kurkarte 2,– €, Jugendliche (14 – 16 Jahre) 1,50 €, Kinder frei, Schulklassen 20,– €, jederzeit Führung für Gruppen ab 10 Personen möglich; Anfahrt: Das Museum befindet sich am Ortsausgang Tettenborn, Richtung Neuhof (Walkenried); von der B 243 (Seesen (A7) – Nordhausen) in Nüxei bzw. in Mackenrode nach Tettenborn abfahren, von Bad Sachsa aus über Neuhof und von dort nach Tettenborn fahren, über Tettenborn-Kolonie nach Tettenborn und dort Richtung Walkenried fahren, von Ellrich aus über Walkenried und Neuhof fahren.

Dieses relativ kleine, familiäre Museum zeigt eine Fülle von originalen Exponaten über die Entwicklung der innerdeutschen Grenze im Südharz von 1945 bis zur Wende 1989. Besonders beeindruckend für die Kinder ist ein Stück des ehemaligen Grenzzauns. Darüber hinaus sind die Einrichtung einer Führungsstelle sowie ein originaler Heißluftballon eines gescheiterten Fluchtversuchs zu sehen. Empfehlenswert besonders durch die persönliche sachkundige Führung und Erlebnisschilderungen Betroffener.

Naturkundemuseum im Ottoneum

Steinweg 2, 34117 Kassel, Telefon (05 61) 7 87 40 66, Fax (05 61) 7 87 40 58, info@naturkundemuseum-kassel.de, www.naturkundemuseum-kassel.de; geöffnet: Di–So 10–17 Uhr, Anmeldung für Führungen und Veranstaltungen (05 61) 7 87 40 66 (Di–Fr 10.30–16.30); Preise Erw. 1,50 €, Jugendliche (6–16 Jahre)/ermäßigter Eintritt 1,– €, Gruppen pro Person 1,– €, Schulklassen pro Person 0,50 €; Anfahrt mit allen Straßenbahnlinien bis Friedrichsplatz, mit dem Auto Richtung Innenstadt, dann Richtung Staatstheater, Parkmöglichkeit Tiefgarage, Ausgang Theater.

Im erst kürzlich neugestalteten Naturkundemuseum findet man neben Saurierfährten auf dem Boden und Fossilienfunden auch die Rekonstruktion eines Mammuts und anderer ausgestorbener Tiere. Es gibt Ausstellungen von Insekten, Gesteinen und unter anderem auch einen „Duftkasten", wo verschiedene Düfte Pflanzen zugeordnet werden müssen. Dieses Naturkundemuseum ist auch schon für jüngere Kinder geeignet. Es werden neben Führungen auch Veranstaltungen quer durch die Naturwissenschaften angeboten, Mikroskopieren, Bachlebewesen entdecken, Bodentier- oder Saurierfährten erforschen oder Fossilien abgießen.

Tipp: Es können auch Kindergeburtstage durchgeführt werden. (Siehe auch unter „Kindergeburtstage und -feste")

Museum für Astronomie und Technikgeschichte mit Planetarium

Karlsaue 20c, Postfach 41 40 20, 34066 Kassel, Tel. (05 61) 31 68 05 00, info@museum-kassel.de, www.museum-kassel.de; geöffnet Di–So 10–17 Uhr, im Planetarium regelmäßige Vorführungen zu versch. Themen: Di, Do, Sa 14 Uhr, Do 20 Uhr, Mi, Fr, So 15 Uhr.

Foto: Staatliche Museen Kassel

Das Museum zeigt ein weites Spektrum von Objekten aus Naturwissenschaft und Technik, von der Antike über die Renaissance bis in die neueste Zeit. Hier können Fernrohr, Uhren, astronomische Instrumente, Waagen und weitere Objekte zur Zeit- und Raummessung besichtigt werden. Außerdem wird die Datenverarbeitung von der Antike bis zum ersten Computer dargestellt. Es gibt eine Rekonstruktion der ersten Sternwarte Europas von 1560.

Im Planetarium werden regelmäßige Vorführungen zu den Sternzeichen und zum Sternenhimmel gezeigt, in speziellen Kindervorführungen erlangen die Kinder erste Einblicke in die Astronomie. Das Museum befindet sich in der Orangerie, anschließend kann man einen tollen Spaziergang in dem wunderschönen angrenzenden Park unternehmen.

Foto: Staatliche Museen Kassel

Schloss Wilhelmshöhe

Schloßpark 3, 34131 Kassel, Telefon (05 61) 31 68 02 00, Fax (05 61) 31 68 02 66, www.schloesser-hessen.de; geöffnet Di–So 10–17 Uhr, letzte Führung 16 Uhr, 1.11.–28.2. 10–16 Uhr, letzte Führung 15 Uhr.

Museumspädagogische Beratung: wechselndes Programm für Kinder und Jugendliche, Telefon (05 61) 31 68 07 00 oder 07 01;Anfahrt zur Haltestelle Wilhelmshöhe, Straßenbahn Nr. 1, Bus Nr. 23.

Foto: Staatliche Museen Kassel

Schloss Wilhemshöhe wurde 1786 bis 1798 neu errichtet. Zu besichtigen ist nur der Weißensteinflügel, der noch die ursprüngliche Raumeinteilung und Ausstattung hat, die zu den bedeutendsten Beispielen der Kunst um 1800 zählt. Hier können die ehemaligen Wohnräume des Kurfürsten Wilhelm II. besichtigt werden.

Das Schloss liegt in einem herrlichen Schlosspark, der allein schon einen Ausflug hierher lohnenswert macht. (Siehe auch unter „Aktivitäten im Freien – Bergpark Wilhelmshöhe“ und unter „Unternehmungen – Burgen und Schlösser“).

Die Löwenburg

Schlosspark 3, 34131 Kassel-Bad-Wilhelmshöhe, Telefon (05 61) 31 68 02 24, Fax (05 61) 31 68 02 22; geöffnet Di–So 10–17 Uhr, letzte Führung 16 Uhr, 1.11.–28.2. 10–16 Uhr, letzte Führung 15 Uhr; Anfahrt mit Bus Nr. 23 bis Haltestelle Löwenburg.

Die Löwenburg liegt malerisch im Bergpark Wilhelmshöhe und sieht von außen aus wie eine mittelalterliche Ritterburg. Im Innern sind fürstliche Wohnräume neben der Rüstkammer mit Waffen und Ritterrüstungen des 16. und 17. Jhd. zu besichtigen. (Siehe auch unter „Aktivitäten im Freien – Bergpark Wilhelmshöhe“)

Die Blankschmiede: Historisches Technikmuseum im Solling

Teichplatz 2, 37586 Dassel, Telefon (0 55 64) 27 21; geöffnet So 15–18 Uhr, für Gruppen tägl. nach Voranmeldung.

In der Blankschmiede Neimke in Dassel wurde von 1727 bis 1985 über acht Generationen die Kunst des Schmiedens von „blanken Waren" betrieben. Vorwiegend wurden hier Schneidemesser, Äxte, Beile und Spaten produziert. Das Anwesen wurde saniert und vermittelt jetzt ein umfassendes Bild des alten Handwerks, der Nutzung der Wasserkraft für die Schmiede und des täglichen Familienlebens der Familie Neimke. Auch heute noch werden das Gebläse des Schmiedefeuers und die Maschinen der intakten Schmiedewerkstatt mit Wasserkraft angetrieben.

Uhrenmuseum

Elisabethstr. 14, 37539 Bad Grund, Telefon (05327) 1020, www.fahrschulerichter.de/uhren; geöffnet Di–So 10–18 Uhr, Mo geschlossen.

Es gibt Tausende von Uhren: Kuckucksuhren, Standuhren, Kuriositäten, Turmuhren mit Laufwerk, Spieluhren, alles was man sich nur vorstellen kann. Besonders bei den Turmuhren können die Kinder gut erkennen, wie durch zahlreiche Zahnräder ein Uhrwerk in Gang gehalten wird. Wirklich sehenswert.

Silberbergwerk „Lautenthals Glück"

Wildemanner Straße 11–21, 38685 Bergstadt Lautenthal/Oberharz, Telefon (0 53 25) 44 90, Fax (0 53 25) 25 69 79, info@lauthenthals-glueck.de, www.lautenthals-glueck.de, www.niedersaechsisches-bergbaumuseum.de; geöffnet tägl. 10–17 Uhr, vom 1. Nov. bis 20. Dez. 10–15 Uhr, Nov. und Jan. montags geschlossen, bei Voranmeldung nach Absprache geänderte Öffnungszeiten, letzte Einfahrt eine Stunde vor der Schließung.

In diesem Bergbaumuseum gibt es die weltweit einzigartige Erzkahnfahrt unter Tage, hier kann man Einblicke in die früheren Silber- und Erzförderstätten gewinnen. Ein voll funktionstüchtiges Wasserrad und eine Grubenbahn sind besonders attraktiv.

Museum im Ritterhaus

Rollberg 32, 37520 Osterode am Harz, Tel. (0 55 22) 91 97 93, www.museum.osterode.de; geöffnet Di–Fr 10–13 Uhr und 14–17 Uhr, Sa und So 14–17 Uhr, Führungen für Einzelbesucher jeden 1. Samstag im Monat um 14 Uhr.

In elf Abteilungen auf drei Etagen werden verschiedenste Exponate besonders zur Stadtgeschichte ausgestellt. Es gibt spezielle Sonderveranstaltungen für Kinder, z. B. Kinder-Erlebnisnachmittage, Museumsrallyes, Schatzsuchen, Geburtstagsgesellschaften und kindgerechte Führungen.

Oberharzer Bergwerksmuseum – Museum für Technik- und Kulturgeschichte

Bornhardtstraße 16, 38678 Clausthal-Zellerfeld, Tel. (0 53 23) 9 89 50, Fax 98 95 69, kulturtourismus@oberharzer-bergwerksmuseum.de, www.oberharzer-bergwerksmuseum.de; geöffnet täglich 9–17 Uhr; Preise: Erw. 4,– €, Kinder (ab 6 J.) 2,– €, Familienkarte 9,– €, Gruppenführung ab 20 Pers. Erw. 3,50 €, Kinder 1,75 €; Behindertenzugang möglich.

In diesem Erzbergwerk wird den Kindern viel geboten. Im Schaubergwerk gelangt man über Schächte, die meist senkrecht in die Erde gehen, tief in den Berg hinein, hier ist es stockdunkel. Als Lichtquelle diente früher eine kleine Lampe, die mit Fett oder Öl gefüllt war, in dem ein Docht aus Wolle schwamm. In der Bergmannssprache heißt sie „Geleucht“ oder „Frosch“. Im Pochwerk wurde das silberhaltige Gestein vom tauben, wertlosen Gestein getrennt. Dies können die Kinder selbst ausprobieren. Sie dürfen im Museum ein nachgeschneidertes Gewand der Münzlehrlinge anziehen, das überall mit Silberschellen verziert war, und ihre eigenen Münzen prägen.

Besucherbergwerk und Bergbaumuseum Rammelsberg

Bergtal 9, 38640 Goslar, Tel. (0 53 21) 75 00, Fax (0 53 21) 75 01 30, info@rammelsberg.de, www.rammelsberg.de; geöffnet täglich 9–18 Uhr (außer 24. und 31. Dezember), erste Führung 9 Uhr, letzte Führung Grubenbahn 16.30 Uhr, Führungsdauer 1 bis 1,5 Stunden, Anmeldung für Gruppen und Führungen in Französisch oder Englisch mit Voranmeldung (0 53 21) 75 01 22, Museumspädagogische Beratung Tel. (0 53 21) 75 01 54; Anfahrt über A7, Abfahrt Rhüden (Harz), dann B82 bis Goslar, ca. 4 Auto-Minuten südlich der Altstadt von Goslar, ausgeschildert.

Seit 1992 steht der Rammelsberg auf der UNESCO-Liste des Weltkulturerbes. Bereits vor 3.000 Jahren wurde im Rammelsberg Erz gewonnen. Erst 1988 wurde das Bergwerk stillgelegt. In dem Museums- und Besucherbergwerk findet man aufregende Ausstellungen, riesige Wasserräder und eine rumpelige Grubenbahn, mit der es durch die Tagesförderstrecke zur Vorführung originaler Maschinen des 20. Jhd. geht.

Hier fühlt sich die Luft kalt an, es ist nass und stockfinster und man kann sich gut vorstellen, wie schwer die Arbeit der Bergleute damals war. Zum Schutz muss jeder Besucher einen Helm tragen. Im Museumsshop können Kopfhörer ausgeliehen werden, es gibt viele Hörstationen z. B. mit Erzählungen über die geheimnisvollen Berggeister und die Entstehung der Sagen.

Hier am Rammelsberg kann man aufregende und lehrreiche Kindergeburtstage feiern. Man kann eine Schatzsuche buchen, eine Ausbildung zum Bergman absolvieren, mit Lupen die farbigen Metallsalze im Roederstollen erkunden, Ocker schöpfen und damit malen, durch einen dunklen Stollen gehen, Schattengeister basteln und unter Tage ausprobieren sowie Mineralien bestimmen.

Es gibt 3 verschiedene Mitmach-Führungen und Workshops für Schulklassen: „Licht-Dunkelheit“, „Die Farbe des Berges“ und „Ritter Ramm“. Außerdem gibt es als weiteres Bonbon für Schulklassen Experimente, die Prof. Schwedt von der TU Clausthal zweimal im Jahr in der alten Schmiede am Rammelsberg durchführt.

Tipp: Ein ganz besonderes Erlebnis der weihnachtliche Rammelsberg am 4. Advent mit weihnachtlichem Lichterschein im Roederstollen. Die Mitmach- und Kinderangebote sind über die Muse-

umspädagogische Beratung buchbar.

Kaiserpfalz

Kaiserbleek 6, 38640 Goslar, Telefon (0 53 21)3 11 96 93, Fax (0 53 21) 3 11 96 99, kulturressort@Goslar.de, www.goslar.de; geöffnet April–Okt. täglich 10–17 Uhr, Nov.–März 10–16 Uhr; Preise: Erw. 4,50 €, Kinder (6–18 J.) 2,50 €, Kinder unter 6 Jahre frei, Gruppen ab 10 Pers. 3,50 €/Person.

Goslar ist eine der ältesten Städte in Deutschland und bietet kulturell enorm viel, besonders für die Kinder. Die Kaiserpfalz, die um 1100 gebaut wurde, liegt relativ zentral, etwas erhöht in einem schönen Park. Von hier aus hat man einen tollen Blick über die Altstadt. In den Gewölben im Erdgeschoss wird eine Ausstellung zur Geschichte der Wanderkaiser gezeigt. Ein wertvoller Kaiserstuhl, ein um das Jahr 1100 gebauter Thron und der große Kaisersaal mit seinen Gemälden sind ebenfalls zu besichtigen. Im Winter findet vor der Kaiserpfalz ein großer Weihnachtsmarkt statt, mit einer bezaubernden Atmosphäre.

Tipp: Es werden Kindergeburtstage und Themennachmittage angeboten. (Siehe auch unten unter „Goslarer Museum“)

Zinnfiguren-Museum

Münzstr. 11, 38640 Goslar, Tel. (0 53 21) 2 58 89, Fax (0 53 21) 33 97 88, zinnfigurenmuseum.goslar@t-onlilne.de, www.zfmg.de; geöffnet täglich 10–17 Uhr; Preise: Erw. 3,50 €, Kinder (6–16 J.) 1,50 €, Gruppen ab 4 Pers. 2,50 €, Schulklassen 1,– €.

Das Museum befindet sich im „Weißen Schwan“, einem ehemaligen Ausspann aus dem Jahr 1644, einer „Raststätte“ für Fuhrleute und ihre Tiere. In Schaukästen sind mit winzigen Zinnfiguren Szenen, meist zur Geschichte, Goslars dargestellt, aber auch handwerkliche und Tierszenen gibt es zu sehen. Ausführliche Beschriftungen klären über die geschichtlichen Hintergründe und Ereignisse auf. Dieses Museum ist eher für Kinder ab 10 Jahren geeignet.

Goslarer Museum

Königsstraße 1, 38640 Goslar (an der Abzucht), Telefon (0 53 21) 7 57 80, Kindergeburtstage Tel. (0 53 21) 4 33 94 oder (0 53 21) 75 78 56, kulturressort@goslar.de; Di–So April–Okt. 10–17 Uhr, Nov.–März 10–16 Uhr.

Das Kulturressort hat speziell für Kinder und Jugendliche einen Führer durch Goslar und seine wechselvolle Geschichte herausgegeben. Zwei Texthefte führen an sieben Tagen durch die Stadt. Die Stationen und Wege sind genau beschrieben und es gibt Hinweise auf Busverbindungen und Öffnungszeiten. In einem Heft findet man hinten Bastelanleitungen und Malbögen für Schlechtwetter-Tage. Diese Mappe, die sehr schön anschaulich Geschichte darstellt, kann man käuflich in Buchhandlungen, Museen und Hotels in Goslar erwerben.

Außerdem gibt es ein großes Angebot für Kindergeburtstage (siehe auch unter „Kindergeburtstage und -feste"): über „Dinos im Goslarer Museum", „Von Zauberei und Hexenallerlei", „Unterwegs mit Münzwagen und Geldkatze" und „Kochen nach alten Rezepten und auf offenem Feuer".

Preise: ca. 6,– € pro Kind, zusätzlich Materialkosten.

Besucherbergwerk Grube Gustav im Höllental

Meißner-Abterode, Öffnungszeiten: 15. März–31. Oktober, Dienstag–Sonntag und feiertags: 13.00–16.00 Uhr, Teilnehmerzahl: mindestens 6 Personen, Gruppenführungen ab 15 Personen ganzjährig außerhalb der offiziellen Öffnungszeiten nach Voranmeldung unter Tel. (0 56 57) 75 00, Führungsdauer ca. 1 Stunde; Eintrittspreise: Kinder 2,– €, Erwachsene 3,– €, Gruppenpreise: Kinder 1,50 €, Erwachsene 2,50 €. Bei hohen Außentemperaturen wird geeignete Kleidung empfohlen, Grubentemperatur ganzjährig +10°C, Schutzhelme und -kleidung werden gestellt. Anfahrt über A7, Ausfahrt Kassel-Ost, B7 Richtung Eschwege, dann Richtung Abterode abbiegen.

Unter Tage durch die Jahrhunderte. Ein besonderes Erlebnis für die ganze Familie ist die spannende Grubenfahrt im Besucherbergwerk „Grube Gustav". Seit dem 16. Jahrhundert bis 1968 haben hier Bergleute nach Kupferschiefer gesucht. Besucher bekommen einen eindrucksvollen Einblick in die Entwicklung des Bergbaus über Jahrhunderte im Höllental.

Höllental kommt nicht von „Hölle", sondern von Frau Holle.

Münchhausenhaus und -museum

Tourist-Information, Weserstraße 3, 37619 Bodenwerder, Tel. (0 55 33) 4 05 41, Fax 61 52, touristinformation@bodenwerder.de, www.bodenwerder.de; geöffnet Ostern–Oktober täglich 10–12 Uhr und 14–17 Uhr; Preise: Erw. 2,– €, Kinder (bis 14 J.) 1,50 €, Gruppen ab 10 Personen: Erw. 1,50 €, Kinder 1,– €.

Es macht einfach Spaß, das Münchhausenmuseum zu besuchen. Bei der kindgerechten Führung werden viele seiner Geschichten erzählt. Auch der Wolpertiger (eines seiner Fabelwesen) ist ausgestellt.

Tipp: Gleichzeitig kann man der Sommerrodelbahn in Bodenwerder einen Besuch abstatten.

Erdölmuseum Wietze

Schwarzer Weg 7–9, 29323 Wietze, Telefon (0 51 46) 9 23 40, Fax (0 51 46) 9 23 42; geöffnet März–Mai Di–Do 10–17 Uhr, Juni–August Di–So 10–18 Uhr, Sept.–Nov. Di–So 10–17 Uhr; Eintritt: Erw. 4,– €, Kinder (ab 6 J.) 2,50 €; Anfahrt über die A7, Abfahrt Schwarmstedt, dann Richtung Celle auf der B214.

Auf dem Ölfeld Wietze stehen noch die originalen Geräte der Erdölproduktion aus dem frühen 20. Jhd. Es wird ein Überblick über die Erdölförderung von den Anfängen bis heute vermittelt. Neben den bis zu 56 m hohen Bohr- und Fördertürmen sind weitere technische Einrichtungen und Originalgeräte zu sehen, die man teilweise selbst durch Knopfdruck in Betrieb setzen kann.

Roemer- und Pelizaeus-Museum

Am Steine 1–2, 31134 Hildesheim, Telefon (0 51 21) 9 36 90, info@rpmuseum.de, www.rpmuseum.de; geöffnet täglich 10–18 Uhr, 31. Dezember 10–13 Uhr, 24./25. Dezember und 1. Januar geschlossen; Preise: Erw. 6,– €, Ermäßigte 5,– €, Kinder (6–14 Jahre) 3,– €, Schülergruppen ab 12 Personen 3,– €.

In diesem tollen Museum fasziniert vor allem die ägyptische Ausstellung die Kinder, besonders da ihnen in speziellen Kinderführungen die ägyptische Kultur nahe gebracht wird. Erwähnenswert sind auch noch die wechselnden Ausstellungen, die man der Presse oder dem Internet entnimmt.

Kinos

CinemaxX Göttingen

CinemaxX Göttingen, Bahnhofsallee 3, 37081 Göttingen, Programmauskunft Telefon (05 51) 5 21 22 00, CinemaxX Infohotline (05 51) 5 21 20 07, Kartenreservierung (0 18 05) 24 63 62 99 0,12 €/Min. (DTAG), 0,50 € Aufschl./Ticket oder kostenlos unter www.cinemaxx.de, Kartenvorverkauf an der Kinokasse (12.00 bis 23.00 Uhr) und im Stern-Theater 15 Minuten vor Beginn der ersten Vorstellung; Preis-Highlights: Jeder Erwachsene in Begleitung seiner Kinder zahlt Sonntags den Kinderpreis; erreichbar mit Linie 7 bis Haltestelle Bahnhofsallee (direkt vor dem CinemaxX) oder Schützenplatz, Linien 4, 7, 8, 10, 12, 13, 15 bis zum ZOB und dann nur wenige Meter zu Fuß durch den Bahnhof zum CinemaxX; Parkplätze ausreichend vorhanden.

Im CinemaxX Filmpalast in der Göttinger Lokhalle erleben Sie Filme in ganz besonderer Atmosphäre. Riesenleinwände, Amphitheater-Bestuhlung, Komfortsessel, digitale Tonqualität und nicht zuletzt das unvergleichbare Foyer lassen Sie in eine Welt abtauchen, in der die großen Gefühle zu Hause sind. In 9 Sälen mit insgesamt 1.700 Plätzen laufen die neuesten Blockbuster, aber auch anspruchsvolle Filmkunst. Hier können Sie Ihren Kindergeburtstag feiern und sich bei Führungen hinter die Kulissen in die Geheimnisse des CinemaxX einweihen lassen. Regelmäßig erwarten Sie tolle Aktionen wie z. B. Malwettbewerb und Verlosungen.

Stern-Theater Göttingen

Sternstraße 7, Telefon (05 51) 7 50 32, www.cinemaxx.de; Preise: Mo, Mi, Do 4,50–6,50 € (abhängig von Plätzen), Fr–So 5,50–6,50 €, Di 4,50 €; aus der Stadt kommend am neuen Rathaus rechts, nach kurzer Zeit auf der linken Seite.

Lumière

Geismar Landstraße 19, 37083 Göttingen, Tel. (05 51) 48 45 23; aus Richtung Stadt am neuen Rathaus vorbei, weiter gerade aus, auf der linken Seite, schwer zu sehen, ein Schaukasten macht an der Einfahrt des Hauses auf das Kino aufmerksam.

Cinema Filmkunsttheater

Weender Str. 58, 37073 Göttingen, Tel. (05 51) 5 88 88, in der Innenstadt.

Open Air Kino im Freibad Brauweg

Veranstalter siehe „Lumière“, immer Juli/August.

Neue Schauburg

Markt 10, 37154 Northeim, Tel. (0 55 51) 33 43, Fax (0 55 51) 60 17.

Schauburg Duderstadt

Tel. (0 55 27) 7 36 87.

Platz für eigene Notizen

Burgen und Schlösser

Burg Plesse

Burgschänke Plesse, Ritterstieg 99, 37120 Bovenden, Telefon (0 55 94) 94 33 33, Fax (0 55 94) 94 37 38, www.burg-plesse.de, info@burg-plesse.de; Anfahrt über A7 (Hannover–Kassel), Abfahrt Nörten-Hardenberg, dann B3 Richtung Göttingen, erste Ausfahrt Bovenden Richtung Reyershausen, ab hier der Beschilderung folgen, der große Parkplatz ist etwas oberhalb der Burg, von Göttingen auf der B3 Richtung Northeim, dann die zweite Ausfahrt Bovenden Richtung Reyershausen oder von Göttingen mit dem Bus (Linie 14) bis Bovenden, letzte Haltestelle (Liegnitzer Straße), ab hier den Fußweg über Eddigehausen (ca. 1 Std.).

Die Burg Plesse wurde vor 1100 erbaut, sie war mehr als 400 Jahre lang Wohnsitz, Verwaltungs- und Herrschaftszentrum der Edelherren von Plesse.

Von der ehemaligen Burg sind noch zwei Türme, Teile der Außenmauern mit dem äußeren und inneren Walltor, Grundmauern ehemaliger Gebäudeteile und der Palas erhalten. Im Palas befindet sich jetzt die Burgschänke, den Bergfried kann man besteigen und hat von oben eine herrliche Aussicht über das Umland. Die Burg eignet sich wunderbar zum Ritterspielen. Die waldreiche Umgebung lädt zu ausgedehnten Wanderungen ein, ein 170jähriger Baumbestand im Reservat Eibenwald kann erkundet werden. Ein Waldspielplatz befindet sich ca. 150 m hinter dem Parkplatz links. In der Umgebung findet man die „Hexenpfennige", versteinerte Äste, die zu dünnen Platten zerfallen sind, aber auch sonstige kleine Versteinerungen.

Burg Hardenberg

Keilerland Hardenberg-Wilthen AG, Vorderhaus 2, 37176 Nörten-Hardenberg, Telefon (0 55 03) 80 22 74, Fax 80 22 79, keilerland@hardenberg-wilthen.de, www.keilerland.de; Führungen: So u. Feiertag 11 – 17 Uhr, Gruppen jederzeit nach telefonischer Voranmeldung, Buchung in der Keilerschänke unterhalb der Burg neben der Kornbrennerei, ohne Führung kein Zugang zur Burg; Anfahrt über A 7, Ausfahrt Nörten-Hardenberg, dann weiter in Richtung Nörten-Hardenberg und im Ort anschließend der Beschilderung folgen, kostenlose Parkplätze unterhalb der Burg.

Idyllisch gelegen und schon vom Leinetal aus zu erblicken ist die Burgruine Hardenberg. Im Rahmen einer Besichtigung ist auch ein Aufstieg auf einen Turm möglich, eine Führung lohnt sich auf jeden Fall. Besser noch ist eine Führung, die speziell auf Kinder ausgerichtet ist, was mit einer entsprechend großen Gruppe möglich ist und sich z. B. als Unterrichtseinheit anbietet. Die Burgbesichtigung ist toll mit einem Spaziergang durch den umliegenden Wald oder den Schlosspark zu verbinden, auch die Kornbrennerei kann besichtigt werden.

Tipp: Im Winter ist die Eisbahn im Schlosspark ein beliebter Ausflugsort.

Burg Hardeg

Burgstraße, 37181 Hardegsen; Burggelände jederzeit frei zugänglich, Führungen April – Okt. jeden Sonntag 15.30 Uhr, weitere Termine nach Vereinbarung, Stadtheimatpfleger Herbert Heere, Telefon (0 55 05) 20 32; Anfahrt über A 7, Abfahrt Nörten-Hardenberg, dann Richtung Hardegsen.

Die Burganlage entstand um 1100, es sind noch das Muthaus, der Burgmannshof mit Geigenmuseum und ein Wachturm an der Stadtmauer zu besichtigen. Diese Gebäude sind alle nur mit Führung zu begehen und speziell auch für Kinder interessant, da noch alte Rüstungen existieren, die die Kinder auch mal selbst anfassen und anziehen dürfen.

Burg Adelebsen

Burgstraße, 37139 Adelebsen, Telefon (0 55 06) 70 73, Fax (0 55 06) 70 00; geöffnet April bis Sept., Führungen nach Vereinbarung; Anfahrt über Umgehungsstraße (B3) Richtung Northeim, Abfahrt Nörten-Hardenberg, dann links Richtung Hardegsen/Adelebsen.

Die Burg ist ohne Voranmeldung nur am Tag des offenen Denkmals im September geöffnet. Es existiert ein spätmittelalterlicher Bergfried, gebaut als Wohn- und Verteidigungsturm.

Burg Hanstein

Altes Wirtshaus unterhalb Burg Hanstein, 37318 Bornhagen, Tel. (03 60 81) 6 14 22, Fax (03 60 81) 6 77 21, vorstand@burghanstein.de, www.burghanstein.de; Anfahrt von Göttingen kommend über die A7 und A38 zur B27 oder direkt über die B27 Richtung Eschwege, dann links Richtung Hohengandern/Heilbad Heiligenstadt, rechts Richtung Gerbershausen, rechts Richtung Burg Hanstein/Bornhagen.

Die Burg Hanstein ist noch relativ gut erhalten, sodass es noch einige Räume, Burgmauern und vor allen Dingen eine Folterkammer zu besichtigen gibt.

Die Umgebung der Burg ist herrlich, es lohnt sich insbesondere eine Wanderung durch einen schönen Laubwald zur Teufelskanzel, einem Aussichtspunkt mit einem herrlichen Blick über das Werratal. An der Teufelskanzel gibt es eine urige Gaststätte. Der Weg dorthin ist nicht anstrengend, sondern ebenerdig, allerdings für Kinderwagen nicht geeignet.

Burg Ludwigstein

37214 Witzenhausen, Tel. (0 55 42) 50 17 10, Fax (0 55 42) 50 17 12, info@burgludwigstein.de, www.burgludwigstein.de; Burgführung auf Bestellung (ca. 1 Std.), Erw. 2,50 €, Kinder u. Jugendliche 2,– €, Burgführungen finden März bis Dez. So 14, 15 und 16 Uhr oder nach Vereinbarung statt, auch technisch detailliertere Burgführungen sowie Archivführungen sind möglich, ebenfalls nach Vereinbarung. Anfahrt: BAB7 - von Norden Autobahnanschlussstelle Friedland bzw. Drammetal und von Süden und Westen Anschlussstelle Hann. Münden-Hedemünden, von Osten Bad Hersfeld

Die Burg befindet sich weithin sichtbar auf einem Bergkegel an der Bundesstraße 27 zwischen Witzenhausen und Bad Sooden-Allendorf. Die gut beschilderte Auffahrt zur Burg zweigt von einem Parkplatz an der B27 ab. Kurzbesucher finden einen Parkplatz oberhalb der Kriegsgräberstätte. Für Herbergsgäste steht ein Parkplatz direkt an der Burg zur Verfügung.

Direkt vis à vis der Burg Hanstein, von ihr durch das Flusstal der Werra getrennt, liegt diese noch sehr gut erhaltene Burg, die ein Jugendgästehaus und eine Jugendbildungsstätte beherbergt und in der sich das Archiv der deutschen Jugendbewegung befindet. Hier finden regelmäßig Jugendfreizeiten, Zeltlager und auch Wochenendfreizeiten für Familien statt. Die Räumlichkeiten bieten sich für Klassenfahrten, Tanz-, Musik- und Theatergruppen, Tagesgäste und Familien an. Ein Hallenbad und eine Sauna gehören dazu. Programmangebote und diverse Veranstaltungen findet man im Internet oder telefonisch unter oben angegebener Nummer.

Tipp: Der sehr schöne und kinderfreundliche Werraradweg führt im Tal auf der anderen Seite der Werra entlang. Es bietet sich an, an der Burg zu pausieren.

Welfenschloss in Hann. Münden

Schlossplatz, 34346 Hann. Münden, Telefon (0 55 44) 552, www.hann-muenden.net; Öffnungszeiten: Mi–Fr 10–12 Uhr und 14.30–17 Uhr, Sa 10–12 Uhr und 14.30–16 Uhr, So 10–12.30 Uhr; Preise: Erw. 1,70 €, Kinder (ab 7 J.) 1,– €, Führungen (Dauer 45 Minuten) 20,– € bis max. 25 Personen; Anfahrt von Göttingen auf der B3 über Dransfeld nach Hann. Münden oder die A7 Richtung Kassel, Abfahrt Hann. Münden-Hedemünden. (Siehe auch unter „Aktivitäten überdacht–Museen“)

Schloss Herzberg

Schloß 4, 37412 Herzberg am Harz, Tel. (0 55 21) 89 55 24, Ansprechpartner: Lothar Germerott; Anfahrt über A7, Abfahrt Seesen/Harz, dann B243 Richtung Osterode/Herzberg am Harz oder ab Göttingen über B27 Richtung Duderstadt/Gieboldehausen. (Siehe auch unter „Aktivitäten überdacht–Museen“)

Heldenburg Salzderhelden

Erich-Ollenhauer-Straße 13; 37574 Einbeck-Salzderhelden, Telefon (0 55 61) 87 06, heldenburg@salzderhelden.de, www.heldenburg.de, Ansprechpartner: Helmut Giesel; Anfahrt über B3 Richtung Einbeck/Northeim, Ausfahrt Salzderhelden, in den Ort, nach 400 m links Richtung Burgschänke.

Die Burg wurde erstmals 1320 urkundlich erwähnt. Heute sind von der ehemals stattlichen Burg hauptsächlich noch die Grundmauern vorhanden. Man kann sich aber ein gutes Bild der ehemaligen Anlage machen.

Tipp: Die Heldenburg liegt nahe einem schönen Radweg von Northeim nach Einbeck und bietet sich gut als Rastplatz an.

Sababurg

Dornröschenschloss Sababurg, Im Reinhardswald, 34369 Hofgeismar, Telefon (0 56 71) 80 80, Fax (0 56 71) 80 82 00, E-mail dornroeschenschloss@sababurg.de, www.sababurg.de.

Die Sababurg liegt im herrlichen Reinhardswald, einem Naturschutzgebiet westlich der Weser. Sie wurde am 19. April 1334 gegründet und seit dem 19. Jh. vom Volksmund zum Dornröschenschloss verklärt. Heute finden dort Lesungen, Konzerte und Aufführungen statt. Angeschlossen ist ein großer Tierpark, der schon 1571 gegründet wurde. (Siehe unter „Tiere und Pflanzen“ in diesem Kapitel)

Schloss Wilhelmshöhe

Schloßpark 3, 34131 Kassel, Telefon (05 61) 31 68 02 00, Fax (05 61) 31 68 02 66, www.schloesser-hessen.de; geöffnet Di – So 10 – 17 Uhr, letzte Führung 16 Uhr, 1.11 – 28.2. 10 – 16 Uhr, letzte Führung 15 Uhr.

Museumspädagogische Beratung: wechselndes Programm für Kinder und Jugendliche, Tel. (05 61) 31 68 07 00 oder 07 01; Anfahrt zur Haltestelle Wilhelmshöhe, Straßenbahn Nr. 1, Bus Nr. 23. (Siehe auch unter „Aktivitäten überdacht – Museen")

Die Löwenburg

Schlosspark 3, 34131 Kassel-Bad-Wilhelmshöhe, Telefon (05 61) 31 68 02 24, Fax 31 68 02 22; geöffnet Di – So 10 – 17 Uhr, letzte Führung 16 Uhr, 1.11 – 28.2. 10 – 16 Uhr, letzte Führung 15 Uhr;Anfahrt mit Bus Nr. 23 bis Haltestelle Löwenburg. (Siehe auch unter „Aktivitäten überdacht – Museen")

Schloss Corvey

Tourist- und Kulturinformation: Telefon (0 52 71) 1 94 33 oder (0 52 71) 96 34 32, Fax (0 52 71) 96 34 35, info@hoexter.de oder www.schloss-corvey.de; geöffnet März bis Nov. tägl. 9 – 18 Uhr; Führungen: Sa u. So 11 und 15 Uhr oder nach Anmeldung unter (0 52 71) 69 40 10 oder 6 81 20, Dauer ca. 1 bis 1,5 Std.; Preise: Erw. 4,20 €, ab 10 Pers. 3,60 €, Kinder/Schüler/Studenten etc. 2,– €, Familienkarte (2 Erw. mit Kindern 8,80 €), Führung 3,– €, bei Gruppen bis 30 Pers. 35,– €; Anfahrt: Ein herrlicher Weg von Göttingen über Dransfeld, Scheden bis nach Hemeln an der Weser, dort mit der Fähre übersetzen und nach Norden Richtung Höxter, in Höxter Richtung Schloss Corvey.

Corvey wurde als ehemalige Reichsabtei 822 gegründet, das Westwerk der Abteikirche aus dem 9. Jh. ist das älteste erhaltene Baudenkmal dieser Region. 1803 wurde das Kloster aufgelöst und ist seit 1834 im Besitz der Fürsten von Corvey. Das Schloss mit Kaisersaal, Bibliothek und Museum mit jährlich wechselnden Ausstellungen und die Abteikirche mit Westwerk und Kaiserpfalz sind zu besichtigen.

Das Schloss und Kloster Corvey liegt direkt am Weserradweg und bietet sich deshalb gut als Anlaufpunkt für eine Weserradtour an, die Restauration dort bietet besonders im Sommer einen schönen Garten und eine leckere Speisenauswahl. Die Kinder können in dem großen

Schlossgarten rumtoben oder sich am Bächlein nasse Füße holen.

Burgruine Polle Weser

Telefon (0 55 35) 411 oder (0 55 35) 94 00 11, Fax (0 55 35) 411 oder 94 00 21, info@polle-weser.de, www.polle-weser.de; geöffnet von 10 – 19 Uhr; Eintritt 1,– €; Anfahrt: direkt an der B83 auf der westlichen Seite der Weser, von der anderen Flussseite gibt es eine Fähre, welche direkt unter der Burg anlegt.

Die sanierte Burgruine der Grafen von Everstein thront auf einem Bergsporn hoch über dem Wesertal. Von dort oben hat man einen grandiosen Ausblick über das Wesertal. In der Burgruine finden Burgfestspiele statt, mit jährlich wechselndem Programm. Jeden 3. Sonntag in den Monaten von Mai – September wird ein Aschenputtelspiel aufgeführt.

Tipp: Der Weserradweg verläuft am anderen Ufer entlang, man muss mit einer Fähre übersetzen und kann dort wunderbar mit den Kindern Rast machen.

Schloss Wernigerode

Am Schloß 1, 38855 Wernigerode, Telefon (0 39 43) 55 30 30, Fax 55 30 55, schlosswr@t-online.de, www.schloss-wernigerode.de; geöffnet Mai bis Oktober tägl. 10 – 18 Uhr (letzter Einlass 17.30 Uhr), Nov. bis April Di – Fr 10 – 16 Uhr, Sa/So und feiertags 10 – 18 Uhr (letzter Einlass 17.30 Uhr), Mo geschlossen; selbstständige Besichtigung, Führungen auch auf englisch, nach Voranfrage möglich; Preise: Erw. 4,50 €, Kinder (6 – 14J.) 2,– €, Schüler etc. 4,– €, Kinder u. 6 J. frei.

Vom Stadtkern zum Schloss sind es ca. 4,5 km Wegstrecke. Man gelangt durch einen schönen Landschaftspark vorbei an der Orangerie und dem Palmenhaus durch das Löwentor zum Schloss. Die ehemalige Burg wurde ca. 1110 erbaut und ab 1671 zum Barockschloss umgebaut, das heute noch in seiner Pracht zu besichtigen ist.

Tiere und Pflanzen

Wildgehege im Stadtwald am Kehr

Informationen bei Frau Wendeling, Telefon (05 51) 2 10 22, www.rathaus.goettingen.de; oberhalb der Schillerwiesen im Stadtwald gelegen.

In dem Wildgehege tummeln sich Wildschweine und Damwild. Der Bereich, in dem das Damwild lebt, ist ca. 20 ha groß, hier leben etwa 40 bis 50 Tiere in einem Rudel. Die 20 bis 30 Wildschweine leben in einem Familienverband auf ca. 2 ha.

Tipp: Einige Minuten entfernt befindet sich der schönste Aussichtspunkt Göttingens, der Bismarckturm. (Siehe unter „Aktivitäten im Freien – In der Höhe")

Außerdem endet dort der Planetenweg mit dem „Pluto". (Siehe unter „Aktivitäten im Freien – In der Natur")

Internationaler Schulbauernhof

Bahnhofstraße 31, 37181 Hardegsen, Telefon (0 55 05) 30 55, Fax (0 55 05) 30 54, info@internationaler-schulbauernhof.de, www.internationaler-schulbauernhof.de. (Siehe unter „Aktivitäten im Freien – In der Natur")

Heinz-Sielmann-Stiftung

Gut Herbigshagen, 37115 Duderstadt, Tel. (0 55 27) 91 40, Fax (0 55 27) 91 41 00, info@sielmann-stiftung.de, www.sielmann-stiftung.de; geöffnet April bis Okt. 10 – 18 Uhr, Nov. bis März 11 – 17 Uhr; Anreise über die B27, Abfahrt Seeburg zur B446 bis Duderstadt, dann die L531 Richtung Fuhrbach, gegenüber der Gaststätte „Rote Warte" links zum Gut Herbigshagen.

Die Heinz-Sielmann-Stiftung hat es sich zur Aufgabe gemacht, Menschen, vor allem Kinder und Jugendliche, durch persönliches Erleben an einen positiven Umgang mit der Natur heranzuführen, letzte Refugien für seltene Pflanzen- und Tierarten zu erhalten und die Öffentlichkeit für die Natur und deren Schutz zu sensibilisieren.

Das Natur-Erlebniszentrum Gut Herbigshagen bietet den Besuchern neben Erlebnistouren, Seminaren und Workshops die Möglichkeit, heimische Tiere in ihrer natürlichen Umgebung zu beobachten. Eidechsen, Frösche, Molche, Nutztiere, Insekten und Damwild neben typischen Gehölzen, Kräutern und sonstigen heimischen Pflanzen sind hier anzutreffen. Das Gut Herbigshagen ist regionales Umweltbildungszentrum von Niedersachen.

Empfehlenswert sind unbedingt die Projekte wie z. B. „Wolle filzen" und „Teichwelt erforschen", die für private Gruppen, Schulklassen oder auch an bestimmten Tagen angeboten werden. Hier gibt es ein umfangreiches Programm, das unter obiger Adresse zu erfragen ist.

Tipp: Kindergeburtstage mit entsprechendem Programm für alle Altersstufen können hier gefeiert werden, rechtzeitig anmelden. (Siehe auch unter „Kindergeburtstage und -feste" und unter „Aktivitäten im Freien – In der Natur")

Erlebnispark Ziegenhagen

Ortsteil Ziegenhagen, 37217 Witzenhausen, Tel. (0 55 45) 246, Fax (0 55 45) 63 72, www.erlebnispark-ziegenhagen.de; geöffnet April, Sept., Okt. 10 – 17 Uhr, Mai bis August 9.30 – 18 Uhr, letzter Einlass 2 Stunden vor Parkschließung; Preise: Besucher unter 90 cm frei, von 90 – 120 cm 7,80 €, ab 120 cm 9,30 €, Senioren (ab 60 J.) 7,50 €, Gruppen ab 20 Personen bei Voranmeldung 0,80 € Rabatt. Der Park präsentiert Kleintiere wie Ziegen und Meerschweinchen. (Siehe auch unter „Aktivitäten im Freien – Erlebnisparks").

Schmetterlingspark Alaris Uslar

Zur Schwarzen Erde, 37170 Uslar im Solling, Telefon (0 55 71) 67 34, Fax (0 55 71) 67 37, alaris@schmetterlingspark.in, www.alaris-schmetterlingspark.de; geöffnet April bis August täglich 9.30 – 17.30 Uhr, Okt. und Nov. 10 – 17 Uhr, außerhalb der niedersächsischen Ferien montags geschlossen; Preise: Erw. 5,50 €, Jugendliche 4,– €, Kinder 3,– €.

Der Schmetterlingspark bietet auch bei schlechtem Wetter ein lohnendes Ausflugsziel. Hunderte von schillernden, farbenprächtigen freifliegenden Schmetterlingen können in einer tropischen Umgebung beobachtet werden. Das Klima ist entsprechend warm und feucht, sodass man sich wirklich in die Tropen versetzt fühlt. Der größte Schmetterling der Welt mit einer Flügelspannweite von ca. 30 cm ist ebenso zu sehen wie die Bananenfalter und die blauen Himmelsfalter.

Tipp: Direkt gegenüber ist das Uslarer Badeland. (Siehe unter „Spaß- und Erlebnisbäder" in diesem Kapitel)

Wild- und Freizeitpark Germerode

Vierbacher Str. 72a, 37290 Meißner-Germerode, Telefon (0 56 57) 75 91; E-mail anfrage@wildpark-germerode.de; geöffnet April – Okt. Di – So 10 – 18 Uhr, Nov. – März, Sa, So und Feiertag, 10 – 17, Kinder 1,50 €, Erwachsene 3,50 €, Familienkarten (2 Er-wachsene und mind. 2 Kinder) 9,50 €, Gruppen ab 10 Pers. Kinder 1,– €, Erwachsene 3,– €, Dauerkarte Kinder 15,– €, Erwachsene 35,– €, Führungen nach Vereinbarung; Anfahrt über die B7, zwischen Eschwege und Hessisch Lichtenau nach Germerode abbiegen, dann der Beschilderung folgen.

Nahezu 40 verschiedene Tierarten leben in diesem 250.000 m² großen Wildpark: Steinböcke, Strauße, Mufflons und Ziegen sowie viele heimische Dam- und Rotwildarten, vom Reh bis zum handzahmen Hirsch. Doch nicht nur die Fütterungen und der Kontakt mit den Tieren sind ein Erlebnis. Es gibt zudem einen Abenteuerspielplatz sowie das Waldwichtelhaus, ein Museum zum Anfassen und Mitmachen, das das Leben im Wald veranschaulicht und für mancherlei Überraschungen sorgen kann.

Alternativer Bärenpark Worbis

Duderstädter Straße 36a, 37339 Worbis, Tel. (03 60 74) 9 29 66 oder 3 05 53, Fax (03 60 74) 3 06 65, www.baerenpark.de, info@baerenpark.de; geöffnet täglich 10 – 19 Uhr, im Herbst/Winter Schließung bei Dunkelheit; Preise: Erw. 4,50 €, Kinder 2,50 €, Gruppen ab 10 Pers. Erw. 3,– €, Kinder 1,50 €.

Dieser Tierpark ist wirklich empfehlenswert, da er sich gemeinsam mit der Aktion Bärenhilfswerk e.V. die Aufgabe gestellt hat, über die weltweite Bedrohung der Bärenarten zu informieren, Aufklärung über schlechte Bärenhaltung zu leisten, Alternativen für eine artgerechte Bärenhaltung aufzuzeigen und gegen den kommerziellen Missbrauch von z. B. Tanzbären oder Zirkusbären zu protestieren. Die Bären in diesem Park kommen entweder aus dem Zirkus, aus dem Zoo oder wurden in freier Wildbahn eingefangen, weil sie ausgesetzt worden waren. Sie teilen sich hier eine 4 Hektar große natürliche Freilandanlage mit einem Wolfsrudel.

Die Besucher gehen z.T. in einem Tunnel durch die Freianlage. Es gibt viele Informationen entlang des Weges und die Scouts erzählen den Besuchern interessante, spannende Details. Schön ist es, wenn man zu den Fütterungszeiten dort ist, dann bekommt man viele der Tiere zu sehen. Zusätzlich leben Kleintiere, Haustiere und Waschbären in dem Park, den man sicherlich mehr als einmal besuchen wird.

Burg Gleichenstein

37359 Wachstedt bei Heiligenstadt, Tel. (03 60 82) 8 12 53, Fax (03 60 82) 90 46 00, www.burg-stein.de, info@burg-stein.de; Öffnungszeiten: Flugshow tägl. März bis Okt. 11.30 und 15.30 Uhr, Burgschänke 10 – 17 Uhr; Preise: Zuschauen beim Glasmachen Erw. 6,– €, Kinder 3,– €, Gruppen ab 20 Pers. Erw. 4,– €, Kinder 2,50 €; aus Richtung Göttingen, Duderstadt die B247 über Leinefelde-Worbis nach Dingelstädt, dort Richtung Burg stein bei Wachstedt. Die Burg ist vorübergehend 2006 geschlossen.

Die Burg Gleichenstein wurde 1246 fertiggestellt, von hier hat man einen wunderschönen Ausblick. Zweimal täglich um 11.30 Uhr und 15.30 Uhr finden Flugvorführungen von Falken, Bussarden, Milanen, Adlern, Uhus, Geiern und einem Kondor statt.

Wildpark und Waldmuseum Neuhaus

Informationen beim Niedersächsischen Forstamt Neuhaus, Eichenallee 21, 37603 Holzminden-Neuhaus, Tel. (0 55 36) 9 50 20; geöffnet täglich ab 9 Uhr. (Siehe unter „Aktivitäten im Freien – In der Natur")

Harzfalkenhof

Auf dem Katzenstein, 37441 Bad Sachsa, Tel. (0 55 23) 32 91, www.sachsa-online.de; geöffnet tägl. 10 – 17 Uhr.

Einer der schönsten Falkenhöfe zeigt Eulen und Greifvögel vom Edelfalken bis zum Bengalgeier. Die regelmäßigen Flugvorführungen von Falken, Adlern und anderen Greifvögeln sind sehenswert.

Tierpark Sababurg

Verwaltung Kasinoweg 22, 34360 Hofgeismar, Telefon (0 56 71) 8 00 12 51, Fax 8 00 12 50, www.tierpark-sababurg.de, info@tierpark-sababurg.de; geöffnet April bis Sept. 8 – 19 Uhr, Okt. und März 9 – 17 Uhr, Nov. bis Feb. 10 – 16 Uhr; Preise (Winter/Sommer): Erw. (ab 16 J.) 3,50 €/4,– €, Kinder (5 – 15 J.), Schüler, Studenten, Auszubildende 2,– €/2,50 €, Gruppenkarte ab 15 Personen Erw. 2,50 €/3,– €, Kinder usw. 1,50 €/1,80 €, Familienkarte 10,– €/12,– €; Greifvogelshow täglich außer montags um 11.30 Uhr, 14.30 Uhr und 16.15 Uhr.

Im Reinhardswald unterhalb der Sababurg gelegen, beherbergt der 130 Hektar große Tierpark rund 650 Tiere aus 80 verschiedenen Arten. Hier leben z. B. Luchse, Fischotter und Wölfe in großzügigen Freigehegen und Biotopen. Der Tierpark hat es sich zur Aufgabe gemacht, durch Rückzüchtungen die Arterhaltung von Tieren, die einst in Europas Wäldern heimisch waren, zu gewährleisten. Unbedingt sehenswert ist die Greifvogelshow, die ab April täglich zu den oben angegebenen Zeiten stattfindet. Ganzjährig werden Führungen und Entdeckungstouren für Schulklassen angeboten, außerdem gibt es ein jährliches Veranstaltungsprogramm mit Workshops und Vorträgen.

Vogelstation Osterode am Harz

Am Blindenkurheim, 37520 Osterode, Telefon (einschl. Information und Anmeldung) Klaus Dietrich (01 71) 8 90 78 05, www.magisch-reisen.de/vogelstation/; geöffnet: April bis Okt. täglich 10 – 18 Uhr; Preise: Erw. 2,– €, Kinder (6 – 14 J.) 1,– €, Gruppenermäßigung ab 10 Personen.

In der Osteroder Vogelstation können etwa 50 verschiedene, vor allem heimische Vogelarten entlang eines ca. 400 m langen Rundweges beobachtet werden. Neben Enten, Wasservögeln, Singvögeln und Greifvögeln sind auch das Birk- und Auerwild vertreten. Bei den Kindern sehr beliebt sind auch die freilaufenden Kaninchen. Ein Kinderspielplatz ist der Vogelstation angeschlossen.

Schlittenhundrennen im Harz

Information bei der Kurverwaltung Benneckenstein, Tel. (03 94 57) 26 12, Fax (03 94 57) 26 13.

Jedes Jahr im Winter findet im Harz ein sehenswertes Schlittenhundrennen statt. Die Termine bitte bei obiger Adresse erfragen, da sie sich witterungsbedingt ändern.

Schlangenfarm Schladen

38315 Schladen/Harz, Tel. (0 53 35) 17 30, Fax (0 53 35) 19 45, info@schlangenfarm.de, www.schlangenfarm.de; Öffnungszeiten: Sommermonate täglich 9 – 18 Uhr, Wintermonate 9 – 16 Uhr; Preise: Erw. 5,50 €, Kinder (5 – 13 J.) 3,50 €, Gruppen ab 20 Pers. 0,50 € billiger; in Schladen/Harz Abfahrt Nord, direkt an der A395 zwischen Bad Harzburg und Braunschweig.

In Europas größter Schlangenfarm leben über 1.000 Schlangen, Krokodile, Aligatoren, Kaimane, Piranhas, Spinnen, Skorpione und Echsen. Täglich gibt es Vorführungen mit Riesenschlangen, Giftschlangen und Giftspinnen. Die Fütterung der Krokodile findet Sonntags um 15 Uhr statt.

Gewächshaus für tropische Nutzpflanzen Witzenhausen

Steinstr. 19, 37213 Witzenhausen; Telefon (0 55 42) 98 12 31; E-mail hethke@wiz.uni-kassel.de; www.wiz.uni-kassel.de; Mi und Fr 14.00 – 16.00 Uhr, Sonn- und Feiertage Oktober – April 15.00 – 16.00 Uhr, Mai – September 16.00 – 17.00 Uhr; Samstag mit Führung 14.00 Uhr, 1,50 €, Gruppen nur nach telefonischer Anmeldung und mit einer Führung (eine Stunde, 1,50 € pro Person); Anfahrt aus Richtung Kassel über die A7, Abfahrt Hann. Münden-Hedemünden, aus Richtung Göttingen über die B27 nach Witzenhausen, Richtung Zentrum über die Werra fahren, dann rechts ab un den Straßen An der Schlagd, Schützenstr., Hinter den Teichhöfen folgen, links abbiegen in die Walburger Str., die zweite rechts ist die Steinstraße.

Das Institut für Nutzpflanzenkunde der Uni Kassel beschert Witzenhausen mit dem Gewächshaus eine kleine Attraktion. Es ist das größte Museum seiner Art in Deutschland. Im Palmen-, Kakao- und Kaffeehaus sowie in der Orangerie wachsen unter den entsprechenden klimatischen Bedingungen etwa 350 tropische und subtropische Pflanzenarten. „Einmal zum Äquator und zurück... Ein Rundgang" entführt Sie in drei verschiedene Klimabereiche: auf einer Fläche von nur 1.200 m² durchqueren Sie die „Subtropen", das „Tropische Hochland" und das „Tropische Tiefland". Die Abteilungen unterscheiden sich deutlich in Temperatur und Luftfeuchtigkeit.

Regenwaldhaus Hannover

Herrenhäuser Straße 4a, 30419 Hannover, Tel. (05 11) 12 60 42 10, www.regenwaldhaus.de; geöffnet Jan.–März und Nov.–Dez. Mo–Do 10–16 Uhr und Fr–So 10–18 Uhr, April–Mai und Sept.–Okt. Mo–Do 10–17 Uhr und Fr–So 10–20 Uhr, Juni–August Mo–Do 10–18 Uhr, Fr 10–22 Uhr, Sa, So 10–20 Uhr; Preise: Erw. 8,50 €, ermäßigt 5,50 €, Kinder (6–14 J.) 4,50 €, Familien (2 Erw. + Kinder) 22,– €, Gruppen ab 20 Pers. 6,– €.

Das Regenwaldhaus in Hannover ist einfach klasse! Am Eingang bekommt jeder, auch die Kinder, einen eigenen elektronischen Führer, der sich selbstständig einschaltet, wenn man bestimmte Punkte passiert. In den ersten Räumen stehen interaktives Lernen und Erleben im Vordergrund. Mit Lupen, Schautafeln, Fragen und Experimenten wird den Kindern das Leben im Regenwald nahegebracht. Dann betritt man den Pflanzen-Dom des Regenwaldhauses, mehr als 6000 Pflanzen sind hier zu entdecken, das Klima ist feuchtwarm, in der Luft zwitschert es und es riecht nach Erde, wie im Dschungel.

Neben Vögeln, Fledermäusen und Insekten gibt es giftige Frösche und andere Exoten zu bestaunen. Für Schüler und Kinder gibt es spezielle Führungen und Kindertage mit Programm. Die „Regenwald-Detektive" treffen sich regelmäßig im Rahmen eines Kindertages.

Das Regenwaldhaus in Hannover ist unbedingt einen Besuch wert, trotz des längeren Anfahrtsweges.

Eine Kooperation mit dem Meeresaquarium Sea-Life ist im Gespräch.

Erlebnis-Zoo Hannover

Adenauerallee 3, 30175 Hannover, Service-Tel. (05 11) 28 07 41 63, Fax (05 11) 28 07 41 56, www.zoo-hannover.de; geöffnet tägl. ab

9 Uhr, ganzjährig; Preise: Erw. 17,– €, Kinder (4 – 17 J.) 12,– €, Hund 6,– €, Show- und Fütterungszeiten im Internet; Anfahrt über die A7 zum Dreieck Hannover-Süd, dort A37 Richtung Zentrum, dann ausgeschildert.

Ein wahres Erlebnis für die Kinder, die Tiere sind nicht in Käfigen, sondern in großen artgerechten Freigehegen zu beobachten. Darüber hinaus gibt es jede Menge Aktion, Safariboot fahren, verschlungene Dschungelpfade erforschen, an Seilen hangeln, auf „Elefanten" klettern und mit Urwaldtrommeln Lärm machen.

Auch die Shows sind klasse, besonders die Elefantenshow, Greifvögelshow und Tiershow „Alle Tiere sind Stars", wo man mit etwas Glück eine echte Schlange anfassen kann. Der neu gestaltete Spielplatz allein ist schon eine Reise wert, hier muss man genügend Zeit einplanen.

Serengetipark Hodenhagen

Am Safaripark, 29693 Hodenhagen, Telefon (0 51 64) 53 31, Fax 24 51, Info-Hotline (01 80) 5 00 08 34, www.serengeti-park.de; geöffnet Mitte März – Ende Oktober tägl. 10 – 18 Uhr, letzter Einlass 17 Uhr; Preise: Erw. mit Pkw 19,– €, Kinder (3 – 12 J.) 17,– €, Führung im Safaribus 3,– € pro Person; Anfahrt über die A7 Richtung Hamburg, Abfahrt Westenholz, dann ausgeschildert.

Das Tierland durchquert man entweder im eigenen Pkw oder im Serengeti-Bus. Hier begegnen einem 1.000 freilebende, exotische Tiere: Elefanten, Giraffen, Nashörner, Löwen, Tiger, Kängurus und eine Gruppe weißer Tiger.

Für eine Dschungelsafari stehen entsprechende Geländewagen zur Verfügung, sodass man sich wie auf einer echten Safari fühlt. 200 Affen verschiedener Arten leben im Affenland und dann gibt es auch noch ein Freizeitland mit Achterbahn, Karussell und Riesenrutsche. Ein großer Spielplatz rundet das Ganze ab.

Vogelpark Walsrode

Am Rieselbach, 29664 Walsrode, Tel. (0 51 61) 6 04 40, Fax (0 51 61) 82 10, www.vogelpark-walsrode.de; geöffnet März – Okt. tägl. 9 – 19 Uhr bzw. bis Einbruch der Dunkelheit, Nov. – Februar tägl. 10 – 16 Uhr, Fütterungs- und Showzeiten erfragen sie bitte bei obiger Adresse; Hunde sind im Park verboten, allerdings kostenlose Unterbringung während des Parkbesuchs, Eintrittspreise (Sommer/Winter): Erw. 11,– €/8,– €, Kinder (3 – 14 J.) 8,– €/6,– €, Anreise über die A7 Richtung Hamburg, Abfahrt Walsrode.

4.000 verschiedene Groß- und Kleinvögel leben in einer riesigen Park- und Gartenlandschaft, z.T. in begehbaren Hallen wie der Tropenwaldhalle, in der die Vögel in der perfekten Nachbildung ihrer indonesischen Heimat leben.

Neben heimischen Vogelarten kann man Paradiesvögel, Pinguine, Pelikane und ca. 700 andere Arten bestaunen. Vogelshows, die Vogelbabystation und ein toller Abenteuerspielplatz ergänzen das Angebot. Trotz der etwas langen Anfahrt lohnt sich der Aufwand. Als Tagesausflug sehr zu empfehlen.

Theater

Deutsches Theater Göttingen

Deutsches Theater Göttingen, Theaterplatz 11, 37073 Göttingen, Telefon (05 51) 4 96 90, www.dt-goettingen.de; Öffnungszeiten der Theaterkasse: Mo–Fr 10–13.30 Uhr und 17–20 Uhr, Sa 11–14 Uhr.

Im Deutschen Theater wird jedes Jahr um Weihnachten ein Kindertheaterstück aufgeführt, das eigentlich bisher immer die Kinder begeistert hat. Drei- oder viermal im Jahr findet im Deutschen Theater Sonntag vormittags 11.15 Uhr ein Familienkonzert mit dem Göttinger Symphonieorchester statt.

Häufig tritt dabei noch ein Kinderchor auf oder Kinder stellen die gespielte Geschichte dar. Immer werden die Instrumente erklärt, kindgerechte Details zu dem Musikstück erläutert und die Kinder mit in das Geschehen einbezogen.

Auch die Eltern lernen jedes Mal etwas dazu und sind genauso begeistert wie ihre Kinder. Die Konzerte sind immer gut besucht, sodass es günstig ist, rechtzeitig Karten zu bestellen. Die Ankündigungen werden am 15. des Vormonats veröffentlicht.

Junges Theater Göttingen

Junges Theater Göttingen, Hospitalstraße 6, 37073 Göttingen., Tel. (05 51) 4 95 01 65, Fax (05 51) 4 95 01 77, www.junges-theater.de E-mail info@junges-theater.de, Kontakt für die Kinder- und Jugendclubs: Daniela Urban, Theaterpädagogik, Tel. 4 95 01 65; Öffnungszeiten: täglich um 10 oder 20 Uhr (siehe Spielplan im Internet); Preise: Erw. 13,– €, ermäßigt 9,– €, Schüler 6,– €, Gruppen ab 10 Personen 8,– €, Schülergruppen ab 10 Personen 6,– €, Jugendclubvorstellungen: Erw. 5,– €, ermäßigt 3,– €.

Auch für Kinder und Jugendliche werden Theaterstücke aufgeführt, z.T. vormittags als Schulaufführung. Für Kinder ab 8 Jahre gibt es spezielle Clubs, hier können altersentsprechend erste Schritte auf der Bühne gewagt werden.

Aus Rollenspielen und Improvisationsübungen entwickeln sich eigene Geschichten, Möglichkeiten durch Körper- und Stimmtraining für Jugendliche ab 15 werden entdeckt. (Siehe unter „Kreative Angebote für Kinder")

Theater der Nacht Northeim

Theater der Nacht, Obere Straße 1, 37154 Northeim, Büro/Verwaltung Di–Do 8.30–12.00 Uhr, Telefon (0 55 51) 99 55 07, Fax 91 90 59, Kartenvorverkauf (0 55 51) 14 14; Kartenvorverkauf vor Ort Do bis So von 12–19 Uhr, Erw. 6 – 14 €, Kinder bis 12 Jahre und Ermäßigte 4 – 10 €, www.theater-der-nacht.de, E-mail info@theater-der-nacht.de.

Dieses Theater ist wirklich etwas Besonderes und unbedingt empfehlenswert. Schon das äußere Erscheinungsbild ist sehenswert: ein liebevoll renoviertes Haus mit Türmchen und Erkern in Rosa und Blau, im Inneren ein kleiner Saal mit ca. 100 Plätzen, gemütliche Sessel, ein Sternenhimmel, im Foyer aus Holz geschnitzte

Figuren und eine liebevolle, nette Atmosphäre.

Foto: Northeim Touristik

Man merkt, dass die beiden Darsteller, die das Theater auch gegründet haben, mit Herz und Seele Theater spielen.

Die Stücke sind häufig Märchen, die mit wenig Requisiten aber sehr fantasievoll dargestellt werden, z. B. „Der Wunschpunsch", „Der Teufel mit den drei goldenen Haaren", „Das Märchen vom Silbermond", um nur einige zu nennen.

Das Programm wechselt und bietet je nach Vorstellung Kindern ab 4 Jahren gutes Theater. Häufig sind auch Gastgruppen dort zu sehen. Die Vorstellungen sind oft ausgebucht, sodass man unbedingt vorher Karten reservieren sollte.

Theatern, Figurentheatern und Kleinkunstbühnen

In Göttingen und Umgebung gibt es eine Vielzahl von freien Theatern, Figurentheatern und Kleinkunstbühnen, die sich im **Domino e.V.** zusammengeschlossen haben. Diese Theater finden sie im Anschluss, sie treten natürlich auch bei größeren Veranstaltungen auf, viele Fans fahren aber auch zu den Auftritten in der Umgebung.

Domino e.V.

Domino, Ansprechpartner Christiane Mielke, Hagenweg 2a, 37081 Göttingen, Tel. (05 51) 5 95 44, Fax (05 51) 5 94 63, www.domino-theater.de, E-mail info@domino-theater.de.

Buchfink Theater Göttingen

Christof Buchfink, Lotzestr. 21, 37083 Göttingen, Telefon (05 51) 5 31 33 38 oder (01 71) 6 53 08 12, Fax (05 51) 5 31 33 39, http://www.buchfink-theater.de/, E-mail info@buchfink-theater.de.

Theater Funkenreigen

Andy Clapp, Obere Str. 24, 37191 Gillersheim, Tel. und Fax (0 55 56) 17 68.

Theaterwerkstatt Göttingen

Dorothea Derben, Am Feuerschanzengraben 20, 37083 Göttingen, Tel. (05 51) 7 70 37 85, (01 72) 2 95 51 53, Fax (05 51) 4 99 74 50, derbend@freenet.de.

Futschikato-Kindertheater, Alfonsina Pips

Christian und Gabriele Eichler, Am Kampe 14, 37130 Gross-Lengden, Tel. (0 55 08) 92 39 27, Fax (0 55 08) 92 39 42, www.futschikato-theater.de, futschikato@freenet.de.

Bazzi Theater

Hannes Lülf, Pfalz-Grona-Breite 71, 37081 Göttingen, Telefon (05 51) 5 21 38 96 und (01 70) 3 23 82 97, Fax (05 51) 5 21 38 99, www.bazzi-theater.de, E-mail post@bazzi-theater.de.

Figurentheater Randolf von Pruski

Randolf von Pruski, Leinestr. 32, 37079 Göttingen, Telefon (05 51) 3 19 77 und (01 77) 6 31 67 17, www.vonpruski.com, E-mail vonpruski@aol.com.

Die Fusselbande

Thomas Reith, Varmissener Str. 13, 37127 Varmissen, Telefon (0 55 02) 99 98 33, Fax (0 55 02) 99 98 32, E-mail Fusselbande@t-online.de.

Figurentheater Gingganz

Michael und Mechthild Staemmler, Brackenbergstr. 4, 37127 Meensen, Tel. (0 55 46) 13 03, Fax (0 55 46) 99 96 32, www.gingganz.de, E-mail info@gingganz.de.

Van Werven Artistik

Bernd van Werven, Gotmarstr. 10, 37073 Göttingen, Telefon (05 51) 5 31 16 65 und (01 79) 8 69 90 93, E-mail vanWerven@web.de.

Göttinger Comedy Company

Lars Wätzold, Allensteiner Weg 7, 37083 Göttingen, Telefon (05 51) 7 70 34 11 und (01 77) 7 46 48 79, E-mail lars@improshow.de.

Figurentheater Tatyana Khodorenko

Tatyana Khodorenko, Hermann-Hanker-Weg 17a, 37083 Göttingen, Tel. (05 51) 7 97 40 21, (0 55 51) 14 14.

Staatstheater Kassel

Staatstheater Kassel, Friedrichsplatz 15, 34117 Kassel, Telefon (05 61) 1 09 40, Kartenservice (05 61) 1 09 42 22, www.staatstheater-kassel.de/index.htm E-mail info@staatstheater-kassel.de.

Jedes Jahr in der Vorweihnachtszeit wird eine Kinderoper oder ein anderes musikalisches Stück aufgeführt, z. B. „Hänsel und Gretel“ oder „Der Zauberer von Oz“.

Die übrige Zeit im Jahr gibt es unter anderem Familienkonzerte und Jugendstücke. Bisher waren die Aufführungen richtig gut und sehenswert.

Staatsoper Hannover

Staatsoper Hannover, Opernplatz 1, 30159 Hannover, Telefon (05 11) 99 99 00, www.staatstheater-hannover.de/indexoneun.html; E-mail kasse@staatstheater-hannover.de; Aufführungen täglich außer montags.

In der Vorweihnachtszeit wird eine Kinderoper aufgeführt.

Freiluftaufführungen:

Bremke Waldbühne

An der Waldbühne, 37130 -Bremke, www.goettinger-volkstheater.info, Kontakt Horst Fädrich, Haspel 16, 37130 -Bremke, Tel. (0 55 92) 800, Fax (0 55 92) 815; Anfahrt über die B27 Richtung Friedland, dann auf die L568 nach Bremke.

Bremke ist ein von steilen Buntsandsteinfelsen geprägtes Straßendorf an der Deutschen Märchenstraße. Hier hat man den Brüdern Grimm mit der Waldbühne, die ca. 1.000 Sitzplätze hat, ein Denkmal gesetzt.

Die Bühne liegt mitten im Wald. Begrenzt durch eine Felswand eignet sich diese Kulisse hervorragend für Märchenstücke, die hier in der Zeit von Mai bis September immer sonntags vom Göttinger Volkstheater aufgeführt werden. Die Sitzplätze sind aufsteigend angelegt, sodass man gut sehen kann.

Es empfiehlt sich bei kühlerem Wetter Decken mitzunehmen, außerdem dürfen Getränke und Nahrungsmittel mitgebracht werden. Besonders geeignet für Kinder bis 10 Jahren.

„Doktor Eisenbart"-Aufführungen Hann. Münden

Freilichtaufführungen vor dem historischen Rathaus in Hann. Münden Juni bis August fast immer sonntags jeweils 11.15 Uhr, Veranstalter Doktor-Eisenbart-Spielgruppe, Infos unter Tel. (0 55 41) 75-313/-315, www.reiseland-niedersachsen.de/kunst-kultur/brauchtum/doktor-eisenbart/index.php, E-mail tourist-info@hann.muenden.de.

Freilufttheaterspiel um den wohl berühmtesten Wanderarzt der Barockzeit, der 1727 in Hann. Münden starb.

Foto: A. Wüstenhagen

Bad Gandersheimer Domfestspiele

Kartenzentrale, Stiftsfreiheit 12, 37581 Bad Gandersheim, Tel. (0 53 82) 7 37 77, Fax 7 37 70, E-mail kartenzentrale@bad.gandersheim.de, www.gandersheimer-domfestspiele.de; Anfahrt über A 7, Abfahrt Echte, dann B445.

Alljährlich im Sommer finden vor dem Gandersheimer Dom Freilichtaufführungen statt. Für Kinder und Jugendliche ist immer etwas dabei, bisher z. B. „Peter Pan" oder „Ali Baba", 2006 „Das Dschungelbuch".

Diese Aufführungen sind bisher immer klasse gewesen und haben den Kindern viel Spaß gemacht.

Die aktuellen Stücke können der Tagespresse oder dem Internet entnommen werden.

Schwimmbäder, Badeseen und Spaßbäder

Hallenbäder

Hallenbad Nörten-Hardenberg

An der Bünte, 37176 Nörten-Hardenberg, Tel. (0 55 03) 21 28, www.noerten-hardenberg.de, E-mail hallenbad@noerten-hardernberg.de; geöffnet Di u. Do 6.30–8.30 Uhr, Sa 7–9 Uhr Frühschwimmen, Di 15–22 Uhr, Mi 14.30–18.30 Uhr, Do 9–22 Uhr, Fr 14.30–22 Uhr, Sa 14–18 Uhr, So 10–14 Uhr, regulärer Badebetrieb; Eintrittspreise: ab dem vollendeten 3. Lebensjahr 1,80 € und Erwachsene 2,60 €; Anfahrt über Umgehungsstraße (B3) Richtung Northeim, Ausfahrt Nörten-Hardenberg, an der Tankstelle links, dann die zweite Straße rechts und gleich wieder links.

Nach der Übernahme des Bades durch eine Genossenschaft wurden große Teile, unter anderem die Saunalandschaft, renoviert.

Das kleine familiäre Bad wird zahlreich genutzt, es hat ein 25 m-Becken, einen 3 m-Turm, eine kleine Rutsche und ein Warmwasserbecken.

Tipp: Es wird eine Geburtstagsanimation angeboten, im angeschlossenen Restaurant können die Kinder auch Essen bekommen. Die Kinder sind ganz begeistert.

Northeimer Hallenbad

Arentsschildtstraße 2, 37154 Northeim, Telefon (0 55 51) 6 00 56 80, E-mail hallenbad@stadtwerke-northeim.de, www.stadtwerke-northeim.de; geöffnet Mo–Sa 5.30–8 Uhr Frühschwimmen, Mo, Di, Mi, Fr 9–20 Uhr, Do 9–20 Uhr, Sa 9–18 Uhr, Jugendliche für den ganzen Tag 1,80 €, für Erwachsene 2,70 €. Anfahrt über Umgehungsstraße (B3), in Northeim geradeaus Richtung Autobahn, aber nicht die Unterführung, sondern rechts daneben und dann rechts abbiegen, die erste wieder links über die Schienen und wieder rechts.

Das einzige Schwimmbad mit einem 50 m Becken in ganz Südniedersachsen.

Freibäder

Freibad am Brauweg

Brauweg 60, 37073 Göttingen, Telefon (05 51) 4 00 29 95; geöffnet Mai bis Sept., Kinder und Jugendliche 1,50 €, Erwachsene 2,50 €.

Das Freibad ist eines der beliebtesten in Göttingen. Eine Riesen-Rutsche, ein 10 m-Sprungturm, eine Kleinkinderlandschaft mit Sonnensegel und eine große Rasenfläche mit Beachvolleyballfeld tragen dazu bei.

Freibad Grone

Greitweg, 37081 Göttingen, Tel. (05 51) 6 17 42; geöffnet Mai bis Sept.; Eintrittspreise: Kinder und Jugendliche 1,50 €, Erwachsene 2,50 €.

Das Groner Bad wird zur Zeit in ein Naturbad umgebaut und ist deshalb im Moment nicht nutzbar.

Freibad Weende

Am Weendespring 1, 37077 Göttingen, Tel. (05 51) 3 14 36; geöffnet Mai bis September;

Eintrittspreise: Kinder und Jugendliche 1,50 €, Erwachsene 2,50 €.

Beliebt besonders wegen der tollen Rutsche und des 10 m-Turmes. Es hat eine große Liegewiese und ein Kleinkinderbecken, das mit einem Segel überdacht ist.

Freibad Nikolausberger SC
Hainbuchenring 998, 37077 Göttingen, Tel. 2 09 79 21.

Dieses sehr kleine Bad kann auch für eigene Feiern gemietet werden. Es liegt sehr idyllisch am Ortsrand von Nikolausberg.

Freibad Rosdorf
Siekweg, 37124 Rosdorf; geöffnet Mo–Mi 7–20 Uhr, Do 7–21 Uhr, Fr 7–20 Uhr, Sa–So 9–19 Uhr.

Waldschwimmbad Dransfeld
37127 Dransfeld; geöffnet: 7.30–19.30 Uhr.

Herrlich gelegenes Waldschwimmbad am Fuße des Hohen Hagen. Es gibt ein 50-Meter-Becken, ein separates Kleinkinderbecken, ein Erlebnisbecken mit Wildwasserkanal, Sitzbrodlern und Wasserpilzen und eine Großwasserrutsche.

Ratsburgbad Reyershausen
37120 Bovenden/Reyershausen, Telefon (0 55 94) 553, buergerbuero@bovenden.de, www.bovenden.de; Öffnungszeiten: Mo–Fr 9–20 Uhr, So u. So 9 – 19 Uhr.

Das Bad ist schön gelegen am Ortsrand von Reyershausen. Es ist ein nettes Bad mit großer Liegewiese, extra Nichtschwimmerbecken und Kleinkinderbecken mit Überdachung. Das Becken ist von der Liegewiese schlecht einzusehen.

Stadtbad Hardegsen
Ortskern, 37181 Hardegsen; Öffnungszeiten: 10–19 Uhr.

Das Bad liegt direkt neben der Hardegser Burg, es wird hauptsächlich mit Solarenergie geheizt. Nichtschwimmerbecken und Schwimmerbecken liegen direkt nebeneinander, sodass man auch mal als Eltern eine Runde schwimmen und dabei den Nachwuchs im Auge haben kann. Auch von einem großen Teil der Liegewiese ist das Nichtschwimmerbecken einzusehen.

Bergbad Northeim
Bergmühlenweg, Telefon (0 55 51) 5 33 81, www.northeim.de; geöffnet je nach Wetterlage von Juni bis September.

Hier sind ein 5 m-Turm und eine Kleinkinderlandschaft zu erwähnen.

Freibad Hann. Münden
Hochbad Rattwerder, Hann. Münden-Neumünden, Tel. (0 55 41) 7 07 41; geöffnet in den Sommermonaten tägl. von 7–20 Uhr.

Das „Hochbad" Hann. Münden ist ein beheiztes Freibad der besonderen Art. Eltern und Kinder erleben Badespaß in zwei hochgebauten Schwimmbecken, daher auch der Name „Hochbad". Die Familien schwimmen, tauchen und planschen und erholen sich in den Schwimmpausen auf der großen Liegewiese.

Freibad Einbeck

Hallen- und Freibad Einbeck, Am Schwimmbad 9 – 11, Telefon (0 56 61) 94 21 67.

Badeseen und Badeteiche

Wendebachstausee

Reinhäuser Landstr. Richtung Groß Schneen, außerhalb von Göttingen an der nächsten Ampel links Richtung Reinhausen, dann rechts gelegen.

Der Wendebachstausee ist ein öffentlicher Badesee mit sanitären Anlagen und regelmäßig geprüfter Wasserqualität. Eine schöne Alternative, wenn man das gechlorte Wasser in den Schwimmbädern nicht mag. Schön gelegen und mit Parkmöglichkeiten.

Baggersee Klein Schneen

Direkt hinter dem Ort Klein Schneen in Richtung Friedland, kein öffentlicher Badesee.

Schwimmbad am Seeburger See

Seestr. 37, 37136 Seeburg, Tel. (0 55 07) 460; geöffnet während der Sommermonate tägl. von 8 – 20 Uhr; Erw. 2,– €, Kinder 1,– €, Strandkorb 6,– €, Minigolf Erw. 1,50 €, Jugendl. 0,80 €.

Ein öffentlicher Badesee mit Überwachung durch die DLRG, sanitären Anlagen, Umkleidekabinen, Warmduschen gegen geringes Entgelt, einer guten Gastronomie, leihweise Strandkörben und einem angeschlossenen Minigolfplatz.

Ein langer Holzsteg führt auf den See hinaus und begrenzt den abgetrennten Badebereich. Es gibt Nichtschwimmer- und Schwimmerabtrennungen. Schlauchboote und Luftmatratzen sind erlaubt.

Der Außenbereich wurde gerade neu gestaltet, ein kleiner Sandstrand, ein Kleinkinderbecken, ein Beachvolleyballplatz und Spielgeräte stehen zur Verfügung.

Besonders beliebt ist ein kleiner Hügel, von dem das Wasser über verschiedene Rinnen in ein Becken fließt und von den Kindern durch Wehre gesteuert werden kann. Stark belagert ist auch der Kicker. Unbedingt einen Ausflug wert. (Siehe auch unter „Aktivitäten im Freien – Auf dem Wasser“)

Schwimmbad am Northeimer See

Ein Teil der Northeimer Seenplatte ist als öffentlicher Badebereich abgegliedert und zumindest an den Wochenenden auch kostenpflichtig. Dafür gibt es kleine Umkleidekabinen und sanitäre Anlagen. Ein Imbisswagen stillt den kleinen Hunger. Im Wasser liegen kleine Holzinseln, die die Kinder gerne erobern. (Siehe auch unter „Aktivitäten im Freien – Auf dem Wasser“)

Naturschwimmbad Schönhagen

Touristik-Information Uslarer Land, Mühlentor 1, 37170 Uslar, Tel. (0 55 71) 9 22 40, Fax (0 55 71) 92 24 22, www.uslarer-land.de, www.erlebniswald.de, TouristikUslar@aol.com; direkt neben dem Erlebniswald, Anfahrt: direkt mit Bus ab Göttingen oder Holzminden (RBB -Linie 210), die Haltestelle „Erlebniswald“ in Schönhagen befindet sich direkt an der Zufahrt zum Erlebniswald-Gelände; mit dem PKW ist der Erlebniswald über die

Anschlussstellen Nörten-Hardenberg/Uslar (A7) bzw. Warburg (A44) über die B241 bzw. B497 erreichbar.

Direkt am Erlebniswald liegt neben dem Campingplatz ein kleines Naturschwimmbecken, das zum Baden einlädt.

Tipp: Ein Wochenende hier campen, mit Nutzung des Erlebniswaldes, dem schönen Spielplatz und dem Naturschwimmbad. Kindergeburtstagsfeier mit Besuch des Erlebniswaldes und Nutzung des Schwimmbades. (Siehe auch unter „Aktivitäten im Freien – In der Natur")

Naturbad Juessee in Herzberg

Der Juessee liegt direkt in Herzberg, Tel. (0 55 21) 7 37 20; das Naturbad hat von Mai bis September tägl. in der Ferienzeit von 11 – 19 Uhr, während der Schulzeit 13 – 19 Uhr geöffnet. Ruderboote können beim Café-Restaurant Seeschlösschen ausgeliehen werden, Tel. (0 55 21) 56 65.

Der Juessee ist ein maximal 28 Meter tiefer Erdfallsee, der vor 8.000 bis 14.000 Jahren entstanden ist. Sehr idyllisch gelegen.

Badesee in der Freizeitanlage Höxter-Godelheim

37691 Höxter, direkt am Weserradweg R99 gelegen, nur 1,5 km von Höxter entfernt; Infos bei der Tourist- und Kulturinformation Höxter, Historisches Rathaus, Weserstr. 11, 37671 Höxter, Telefon (0 52 71) 1 94 33, Fax (0 52 71) 96 34 35, E-mail info@hoexter.de, www.hoexter.de. (Siehe auch unter „Aktivitäten im Freien – Auf dem Wasser")

Tipp: Bietet sich als Rastplatz bei einer Weserradtour an.

Badeseen im Harz

Im Harz gibt es eine Vielzahl von Teichen und Seen, die keine öffentlichen Badeseen sind. Meistens führen verschlungene Pfade zu Ihnen, nicht immer ist der Weg einfach, sanitäre Anlagen sind nicht vorhanden.

Prinzenteich

Erwähnenswert ist insbesondere der Prinzenteich. Für den Weg zum See sind ca. 20 min zu rechnen. Er ist nur für Leute geeignet, die gut zu Fuß sind. Es muss ein Feuchtbereich überklettert werden. Aus Osterode Richtung Clausthal kommend linksseitig am Hotel Tannenhof parken, Fußweg geht links vor dem Hotel ab, ist ausgeschildert.

Spaß-und Erlebnisbäder

Badeparadies Eiswiese

Windausweg 6, 37073 Göttingen Tel. (05 51) 50 70 90, E-mail info@goesf.de, www.eiswiese.de; geöffnet Mo – Fr 10 – 22.30 Uhr, Sa – So u. feiertags 9 – 22.30 Uhr; Eintrittspreise abhängig von den dort verbrachten Stunden, z. B.

Jugendliche ab 6 Jahren 2,90 € für 2 Std., Erwachsene 4,50 € für 2 Std.

Die Eiswiese ist ein großes Erlebnisbad mit Badespaß auf 8.400 m². Das Angebot umfasst ein Sportschwimmbecken mit 28°C Wassertemperatur, zwei „Kommunikationsbecken" und ein Jugendbecken mit 30°C Wassertemperatur, einen Strömungskanal, Schwallduschen, Bodensprudler, ein Außenbecken mit 32°C Wassertemperatur und natürlich als Hit eine Reifen-Wildwasserrutsche (71 m) und eine schnelle Steilrutsche (52 m).

Ein Bistro, ein zusätzliches, allerdings kostenpflichtiges Solebad und eine große, kostenpflichtige Saunalandschaft komplettieren das Angebot. Ein Riesenspaß und sehr empfehlenswert.

Uslarer Badeland

Zur Schwarzen Erde, 37170 Uslar, Tel. (0 55 71) 92 59 80; Öffnungszeiten: Mo–Fr 8–13 Uhr, Di–Fr 14.30–21 Uhr, Sa u. So 8–18 Uhr; Kurzbadezeit Erw. 1½ Std. 2,50 €, Langzeitkarte Erw. 4,50 €, Kurzbadezeit Jugendliche 1½ Std. 1,80 €, Langzeitkarte Jugendliche 3,– €.

In diesem Erlebnisbad locken eine Superrutsche (80 m), ein Strömungs- und Wildwasserkanal, ein Außen- und Vierjahreszeitenbecken. Für die Kleinen gibt es ein spezielles Becken und gegen den Hunger ein Bistro. Obwohl das Badeland nicht sehr groß ist, haben die Kinder viel Spaß.

Tipp: Gleich gegenüber liegt der Schmetterlingspark Alaris, kann man z. B. als Geburtstagsausflug planen.

Aloha Erlebnisbad der Stadt Osterode am Harz

Schwimmbadstr. 1, 37520 Osterode, Tel. (0 55 22) 90 64 15, E-mail aloha.marketing@web.de, www.aloha.osterode.de; Öffnungszeiten: Mo 13–22 Uhr, Di und Fr 6–22 Uhr, Mi und Do 9–22 Uhr, Sa 9–20 Uhr, So 8–20 Uhr; Kinder 3–14 Jahre ab 1,50 € pro Std., Jugendliche 15–17 Jahren ab 2,– € pro Std., Erwachsene ab 2,50 € pro Std., Familien ab 7,– € pro 1,5 Std.

Das Erlebnisbad bietet für jede Altersgruppe etwas. Der Baby-Wassergarten hat eine Wassertemperatur von 32°C, Familienumkleiden, Baby-Wickelstationen, Hochstühle und Kindersitze in den

Duschen vereinfachen das Baden mit den Kleinsten. Die Kids können sich im Wildwasserkanal, auf der 85 m-Superrutsche und im Freibadbereich beim Sprung vom 3 m- bzw. 5 m-Turm richtig austoben. Im Innenbereich gibt es ein 25 m-Sportbecken, im Außenbereich ein 50 m-Becken.

Schwallduschen und sprudelnde Liegemulden laden zum Entspannen im 30°C warmen Wasser ein. Ein Saunabereich ist angeschlossen. Es werden vielfältige Kurse und Aktionen angeboten, hiervon einige: Spaßnachmittage für Kids jeden 1. Di im Monat von 15.30 – 17.30 Uhr, Schnuppertauchen ab 14 Jahre jeden 2. Sa im Monat von 14 – 17 Uhr.

Vitamar-Hallenwellenbad in Bad Lauterberg

Masstal 1, 37431 Bad Lauterberg, Tel. (0 55 24) 85 06 65, E-mail info@vitamar.de, www.vitamar.de; geöffnet Mo u. Di 9 – 22 Uhr, Mi 7 – 22 Uhr, Do u. Fr 9 – 22 Uhr, Sa, So sowie an Feiertagen in Niedersachsen 9 – 21 Uhr; Erwachsene 1 Std. 3,50 €, Jugendliche 1 Std. 2,75 €, Familienkarte (4 Personen) 1 Std. 7,50 €, jedes weitere Kind 2,– €.

Dieses Schwimmbad ist wegen seines Wellenbereichs der große Hit und von Göttingen aus gut zu erreichen.

Die 1 m hohen Wellen, eine breite, sehr schnelle und steile Rutsche ins untere Becken, ein Wildwasserkanal, eine Erlebnisrutsche „Black Hole“ und ein Kleinkindbereich bieten für alle Altersgruppen etwas. Eine Saunalandschaft, Solarien und Massageliegen bieten Entspannung für die Erwachsenen.

Tipp: Als Kindergeburtstagsausflug gut geeignet, da man in einen bestimmten Bereich, wo es auch Tische und Stühle gibt, Essen und Trinken, z.B. den Geburtstagskuchen, mitbringen darf. Aber besser vorher anrufen, damit die Plätze nicht belegt sind.

Sehusa Seesen

Engelader Straße 3, 38723 Seesen, Tel. (0 53 81) 50 25, info@sehusa-wasserwelt.de, www.sehusa-wasserwelt.de; geöffnet Mo – Mi, Fr 9 – 22 Uhr, Do 7.30 – 22 Uhr, Sa 8 – 22 Uhr, So, Feiertage 8 – 22 Uhr; Erw. über 16 Jahre ab 1 Std. 2,50 €, Kinder und Jugendl. ab 6 Jahre ab 1 Std. 2,– €, Di ab 15 Uhr ist nur die Therme geöffnet und das Kinderbecken gesperrt, da dort dann der Schwimmverein trainiert (in den Ferien jedoch kein Training).

Tipp: Die Sehusa-Wasserwelt eignet sich gut für Geburtstagsfeiern, weil es erlaubt ist, eigene Nahrungsmittel, z. B. den Geburtstagskuchen, mitzubringen.

Schwimmzentrum espada Eschwege
Am Schwalbenpfad, 37269 Eschwege, Tel. (0 56 51) 80 72 89; Freibad geöffnet ca. Mai–September Mo, Mi, Do, Sa, So 10–19 Uhr, Di, Fr 7–19 Uhr, Wassertemperatur 24°C; Hallenbad geöffnet ca. September–Mai Mo 14–19 Uhr, Di 7–20 Uhr, Mi 10–13 und 15.30–22 Uhr, Do 15.30–20 Uhr, Fr 7–19 Uhr, Sa und So 9–18 Uhr, Wassertemperatur 27°C; Kinder unter 7 Jahre haben freien Eintritt und können das Bad nur in Begleitung eines Erwachsenen besuchen, Jugendliche (7–18 Jahre) 1,50 €; Erwachsene (über 18 Jahre) 2,50 €, Spielnachmittag ohne Preiszuschlag findet freitags von 15.00–17.00 Uhr statt, Warmbadetag mit Wassertemperatur 30°C gibt es nur in der Wintersaison dienstags von 7–20 Uhr mit Preisaufschlag.

In der Sommersaison wird je nach Wetterlage entweder das Hallenbad oder das Freibad geöffnet. Besondere Attraktion ist die 80 m lange „Black Hole"-Wasserrutsche mit Licht- und Soundeffekten. Der Kinder-Erlebnis-Bereich erfreut die Kleinen mit einer 20 m langen Kinderrutsche und lustigen Wasserspielen. Eine Cafeteria gleich neben dem Kinder-Bereich bietet den Erwachsenen Zeit für eine Ruhepause. Auch ein Saunabereich ist vorhanden.

Werrataltherme
Bad Sooden-Allendorf
Am Gradierwerk 2a, 37242 Bad Sooden-Allendorf, Tel. (0 56 52) 95 87-70 u. -80, Fax 95 87-74, E-mail touristinfo@bad-sooden-allendorf.de www.bad-sooden-allendorf.de; geöffnet täglich 9–22.30 Uhr, Fr 9–24 Uhr; Kinder 3–14 Jahre 2,50 € für 1,5 Std., 3,50 € für 2 Std., 5,– € für 3 Std., Tageskarte für Kinder 6,50 €, Erw. 4,50 € für 1,5 Std., 6,50 € für 2 Std., 8,50 €, für 3 Std., Tageskarte für Erw. 11,– €, Familienkarte (2 Erw./1 Kind) 19,50 €, jedes weitere Kind 4,– €; für die Saunalandschaft wird ein zusätzlicher Eintrittspreis fällig; Anfahrtüber A7 und A38 zur B27 oder direkt über B27 nach Witzenhausen und Bad Sooden-Allendorf.

Ein ganz neues Erlebnis der Gemeinschaft, der Freizeit, der Unterhaltung und des Spaßes erwartet Sie mit 1.000 m² Wasserfläche: 32°C warmes Solewasser im Innenbecken, Außenbecken mit 32°C warmem Solewasser, Strömungskanal, Fontänen und Bodensprudler, Wellenbecken mit 28°C warmem Solewasser. Ein Teil des Gradierwerks wurde in den Außenbereich integriert. Es können auch zahlreiche Wellness-Angebote wahrgenommen werden.

Kristall-Weserbergland-Therme Bad Karlshafen GmbH
Kurpromenade 1, 34385 Bad Karlshafen, Tel. (0 56 72) 9 21 10, Fax 92 11 33, E-mail info@kristallbaeder.de, www.kristall-weserbergland-therme.de; geöffnet So–Do 9–22 Uhr, Fr u. Sa 9–23 Uhr; es gibt 2 Stunden-, 4 Stunden- und Tageskarten, Kinder bis 6 Jahren immer 2,– €, Jugendliche bis 15 Jahren 2 Std. für 5,– €, Erwachsene 2 Std. 8,– €.

Diese Thermenlandschaft wurde mit viel Marmor ausgestattet, sie hat eine eigene Thermalsolequelle mit einem Solegehalt von 23 Prozent. Die verschiedenen Becken haben eine Wassertemperatur von 33–36°C und Solekonzentrationen von 1,5–5%. Im Außenbecken gibt es einen Strömungskanal, die Wassertemperatur beträgt dort 35°C, der Solegehalt 12%. Ein Eltern-Kind-Bereich mit Wasserspielgeräten, Gastronomie, Massage und Saunabereich runden das Angebot ab.

Erlebnisbad Salztal-Paradies
Talstr., 37441 Bad Sachsa, Tel. (0 55 23) 95 09 02, E-mail info@salztal-paradies.de, www.salztal-paradies.de; geöffnet Mo–Fr 9–22 Uhr, Sa, So und Feiertage 8–22 Uhr; Eintrittspreise: Erw. ab 1 Std. 3,20 €, Kinder ab 3 Jahren 2,40 € für 1 Std., incl. Saunaland.

Das Salztal-Paradies ist ein „Freizeitparadies" mit Erlebnisbad, Saunalandschaft, Eislaufhalle, Tennis- und Squashhalle, Bowling und Gastronomie. Das Erlebnisbad umfasst eine 100 m lange Reifenrutsche, Wildwasserkanal, Wellenbecken und Kinderbecken.

Tipp: Für Kindergeburtstage kann ein individuelles Kombi-Angebot erstellt werden.

Eislaufen

Lokhalle Göttingen

Bahnhofsallee 1b, 37081 Göttingen, Tel. (05 51) 99 95 80, Fax 9 99 58 58, info @lokhalle.de, www.eiszeit-goettingen.de; Preise: Kinder/Jugendliche (bis 15 Jahre) 3,50 €, Erw. 4,50 €, für Schulklassen pro Schüler (Aufsichtsperson frei) 3,– €; Schlittschuhverleih 3,– €, für Schulklassen pro Schüler 2,50 €; gelegen hinter dem Bahnhof, direkt neben dem CinemaxX, Parkhäuser am Bahnhof.

Von November bis Anfang Januar ist hier wetterunabhängig Eislaufen unter Dach möglich. Die Eisbahn ist 840 m² groß und bei den Kindern und Jugendlichen ein beliebter Treffpunkt. Freitags ab 18 Uhr findet eine Eis-Disco statt, auch sonst werden besondere Mottotage angeboten, die der Tagespresse entnommen werden können.

Eisbahn Hardenberg

37176 Nörten-Hardenberg, am Schlosspark, Tel. (0 55 03) 80 22 74, www.der-hardenberg.com; geöffnet von November bis März, Mo und Di 15.00 – 19.00 Uhr, Mi bis Fr 15 – 21 Uhr, Sa, So und in den Schulferien 11 – 21 Uhr; Eintritt zeitlich unbegrenzt, Kinder unter 6 Jahren frei, Kinder 6 – 15 Jahre 4,– €, 10er-Karte 29,– €, Dauerkarte 69,– €, Erw. 5,– €, 10er-Karte 37,– €, Dauerkarte 99,– €, Schlittschuhverleih 2 Std. 3,50 €, je weitere Std. 1,50 €, Kufenschleifen 3,50 €; Anfahrt über A7 oder Umgehungsstraße (B3), Abfahrt Nörten-Hardenberg, links in den Ort, dann wieder rechts Richtung Bishausen, direkt unterhalb der gut sichtbaren Burgruine.

Die Open-Air-Eisbahn ist mit einer 1.200 m² großen Eisfläche die größte Eisbahn der Region. Sie liegt ganz idyllisch unterhalb der romantischen Burgruine im schönen, gepflegten Hardenberg-Schloss-Park. Hier trifft sich vor allem am Wochenende die ganze Region auf Kufen und dreht ihre Runden. In der Woche dominieren die Kinder und Jugendlichen auf der Eisbahn, die zu einem beliebtem Treffpunkt geworden ist.

Es gibt geschützte Umkleidekabinen, überdachte Restauration mit Speisen für den kleine Hunger, warmen und kalten Getränken und ganz viel Spaß.

Die Erwachsenen stehen häufig am Rand und schauen ihren Sprösslingen zu, während sie sich bei einem Becher Glühwein aufwärmen.

Tipp: Auch Kindergeburtstage werden hier gern gefeiert, da dann auch eigene Speisen und Getränke mitgebracht werden dürfen.

Gegenüber ist die Gräflich Hardenberg'sche Kornbrennerei, die ebenfalls wie die Burgruine an den Wochenenden besichtigt werden kann.

Eissporthalle Kassel

Am Auestadion 1, 34121 Kassel, Tel. (05 61) 92 89 40, Fax (05 61) 9 28 94 63, eissporthalle@huskies-online.de; Preise: Kinder (bis 1,30 m) 2,– €, Jugendliche (bis 18 J.) 3,50 €, Erw. 4,– €, Schlittschuhverleih

3,50 €; Anfahrt über B27 und B7 oder über A7 nach Kassel.

Eine gute Gelegenheit, auch bei schlechtem Wetter auf den Kufen zu stehen.

Eislaufhalle Bad Sachsa

Talstraße, 37441 Bad Sachsa, Tel. (0 55 23) 95 09 02, www.salztal-paradies.de; geöffnet Okt.–April Mo–Sa 10–22 Uhr, So/Feiertag 9–22 Uhr, Mai–Sept. Mo–Fr 16–22 Uhr, Sa/Feiertag 12–22 Uhr, So von 12–20 Uhr, Juli/August geschlossen, nach Voranmeldung sind Sonderzeiten für Schulen und Gruppen (ab 15 Pers.) möglich; Preise: Erw. 3,60 €, Kinder (ab 4 J.)/Jugendl. (bis 18 J.)/Schüler etc. 3,10 €, Familie (2 Erw., 2 Kinder) 10,50 €, jedes weitere Kind (bis 16 J.) 2,60 €, Gruppen ab 10 Pers. Erw. 3,40 €, Ermäßigte 2,90 €, Schlittschuhverleih 3 Std. 2,60 €; Anfahrt von Göttingen über die B27 Richtung Herzberg, dann die B243 Richtung Nordhausen.

Hier ist Schlittschuhlaufen wetterunabhängig bei fetziger oder ruhiger Musik möglich, Schlittschuhe können ausgeliehen werden.

Eisstadion Braunlage

Harzburger Straße, 38700 Braunlage, Tel. (0 55 20) 21 91, www.Braunlage.de, E-mail EisstadionBraunlage@t-online.de; Saison von Mitte September bis Mitte April, Montag Ruhetag, Di–Fr 10–12 Uhr, 14–16 Uhr, Sa 10–16, So 10–17 Uhr, Eisdisco Mi und Sa 20–22 Uhr, zusätzliche Eislaufzeiten im Januar und Februar: Mo 10–12 Uhr, Di, Do, Fr 16.30–18 Uhr; Eintrittspreise: Kinder und Jugendliche bis 16 Jahre mit Kurkarte 2,10 €, ohne Kurkarte 2,60 €. Erwachsene 2,60 (3,-) €. Familienkarte 8,– (10,–) €, Schlittschuhverleih 2,30 €; Sommerspielhaus im Eisstadion Braunlage vom 1. Mai bis 31. August tägl. von 12–19 Uhr, Info unter (0 39 47) 77 88 99 oder www.sommer-spiel-haus.de; direkt im Ort neben der Wurmbergseilbahn gelegen, gut ausgeschildert.

Die ideale, witterungsunabhängige Sport- und Freizeitanlage. Eislauf-Disco, Eisstockschießen, Eislaufen und Restauration.

Platz für eigene Notizen

Theater

KiJu Deutsches Theater Göttingen Jugendclub

Jugendclub ab 16 Jahren: Erarbeitung eines Stückes nach Vorlage oder selbstgeschrieben, Do 16 – 18 Uhr.

Montagsclub 14 – 24 Jahre: offene Gruppe, ohne Verpflichtung zu wöchentlichen Proben, Improvisation, Mo 17 – 18 Uhr.

First Step 12 – 15 Jahre: Für Einsteiger steht ein Wochenende lang eine Probebühne zur Verfügung.

Schreibwerkstatt und Technik-Crew

Info: kiju@dt-goettingen.de oder Telefon (05 51) 4 96 90.

Junges Theater Göttingen

Kontakt Daniela Urban, Theaterpädagogik, Hospitalstr. 6, 37073 Göttingen, Telefon (05 51) 4 95 01 65, Fax (05 51) 4 95 01 77, www.junges-theater.de.

Theater-Scouts: theaterbegeisterte Schüler, die wissen, was läuft.

Miniclub (ab 8 J.): Theaterluft schnuppern und erste Schritte auf der Bühne.

Kinderclub (ab 10 J.): Rollenspiel und Improvisationsübungen, am Ende der Spielzeit entsteht ein Stück, das öffentlich aufgeführt wird.

Mädchenclub (ab 12 J.): Es wird ein Projekt entwickelt, das öffentlich aufgeführt wird.

Jugendclub (ab 15 J.): Entdeckung der spielerischen Möglichkeiten durch Körper- und Stimmtraining, Improvisationen, Sport und Aufführungen für Jugend.

MUSA Kulturzentrum

Projekt Grenzgänger: In den Workshops von Grenzgänger lernen 180 Jugendliche aus fünf niedersächsischen Städten die kulturellen Grundlagen von Hip Hop und Popmusik. In Göttingen sind die Kurse Hip Hop, Breakdance, Rappen und Scratchen angelaufen, die Jugendlichen arbeiten zweimal wöchentlich zwei Jahre lang an diesem Musikprojekt. Info: Gabi Radinger, Tel. (05 51) 6 43 53.

Improvisationstheater-Workshop, Info über MUSA: www.musa.de, info@musa.de, Tel. (05 51) 6 43 53.

Theaterworkshops von Musi Kuss

Termine und Ort wechselnd, Info im Büro Reinhäuser Landstr. 55, Göttingen, www.musi-kuss.de, Tel. (05 51) 70 49 73.

Theaterworkshops von Domino

Keine festen Termine, z.B. im Rahmen des Domino-Theaterfests Ende Januar.

Informationen bei Domino e.V., Telefon (05 51) 5 95 44, info@domino-theater.de, www.domino-theater.de.

Zirkus und Akrobatik

IGS Schulcircus „Halt die Luft an“

Infos über die Georg-Christoph-Lichtenberg-Gesamtschule, Schulweg 22, 37083 Göttingen, Tel. (05 51) 4 00 51 34 / 35.

Akrobatik-Balance-Jonglage

Für „Schwere Hüpfer“

KAZ, am Wochenmarkt, Hospitalstr. 6, Göttingen, Mo und Do 14.45 bis 16.15 Uhr, Kosten 15,– €, 7 – 10 Termine, Anmeldung und Info bei Andreas Pudelko, Tel. (05 51) 7 70 93 43, Conni Bellersen, Tel. (05 51) 4 36 90, Alex Bühnemann, Tel. (05 51) 7 70 06 35.

Im KAZ-Spiegelsaal gibt es ein Projekt zur Bewegungs- und Koordinationsförderung für Kinder ab 7 Jahre. Die Kinder erlernen dabei Balanceübungen, Pyramiden „bauen“, bis hin zu anspruchsvoller Hebeakrobatik. Beim Jonglieren werden der Kreuzwurf, das Diabolospiel und das Tellerdrehen erlernt.

Jonglieren und Akrobatik für Kinder

Für Kinder ab 8 Jahre

KAZ, am Wochenmarkt, Hospitalstr. 6, Göttingen; Anfängerkurs Do 16 – 17.30 Uhr, Alex Bühnemann, Tel. (05 51) 7 70 06 35, Fortgeschrittenenkurs Mo 16 – 17.30 Uhr, Anmeldung Andreas Pudelko, Tel. (05 51) 7 70 93 43.

Alles was mit Akrobatik und Jonglage zu tun hat.

KAZ- Workshops

Z.B. „Rauf aufs Zirkuspferd“ für Kinder von 7 – 12 Jahren; Termine und Infos unter Tel. (05 51) 5 00 63 81 oder direkt beim KAZ e.V., Hospitalstr. 6, 37073 Göttingen, Telefon (05 51) 5 30 62, Fax (05 51) 54 14 81, mail@kaz-goettingen.de, www.kaz-goettingen.de.

Kinder-Zirkus-Schule Buntenbock

38678 Clausthal-Zellerfeld, Ortsteil Buntenbock, Tel. (0 53 23) 17 74.

In den Sommermonaten findet im nahegelegenen Harz in Buntenbock eine Zirkusschule im kleinen Zirkuszelt statt. Anschließend zeigen die Kinder ihr Programm in einer Aufführung. Dieses Angebot kann als Arrangement mit Unterkunft gebucht werden, die Eltern können in der Zeit z. B. eine Klöppelschule besuchen, wandern, mountainbiken, schwimmen oder in idyllischer Landschaft die Seele baumeln lassen.

Musik und Kunst für Kinder

Musik für Kinder

Deutscher Tonkünstlerverband (DTKV)

Private Musiklehrer des Deutschen Tonkünstlerverbandes sind qualifizierte Musikpädagogen und Musiker mit abgeschlossenem Musikstudium.

Informationen über Einzelunterricht und Schulprojekte bei Christiane Breuer, Tel. und Fax (05 51) 60 03 15 und Sabine Heß, (05 51) 4 80 83 oder www.musikunterricht-goettingen.de.

Göttinger Kommunikations- und Aktionszentrum KAZ e.V.

Hospitalstraße 6, 37073 Göttingen, Telefon (05 51) 5 30 62, Fax (05 51) 54 14 81, mail@kaz-goettingen.de, www.kaz-goettingen.de; Bürozeit Mo 16 – 18 Uhr, Mi 10 – 12 Uhr und 16 – 18 Uhr, Do 10 – 12 Uhr.

Trommelkurs für Kinder und Jugendliche ab 7 Jahren.

Göttinger Knabenchor e.V.

Büro Godehardstraße 19 – 21, 37081 Göttingen, Tel. (05 51) 63 27 18, kontakt@goettinger-knabenchor.de, www.goettinger-knabenchor.de; geöffnet Di 10 – 12 Uhr; vertretungsberechtigter Vorstand Herbert Schur.

Ein anspruchsvoller, guter Chor, der auch im Ausland auftritt und weit über Göttingen hinaus bekannt ist.

Chor Belcanto

Leitung, Torsten Derlin, Hindenburgweg 16, 37120 Bovenden, Tel. (0 55 94) 94 33 40 oder (01 72) 8 62 47 90 oder Musikschule Belcanto, (05 51) 9 99 64 88, www.belcanto.de, E-mail Tderlin@aol.com.

Es wird Unterricht für Klavier und Gesang, eine Kindersingschule, Chor und Musical für Kinder angeboten.

Musa

Hagenweg 2a, 37081 Göttingen, Tel. (05 51) 6 43 53, Fax 63 24 73, info@musa.de, www.musa.de; Anfahrt mit Linie 1 Richtung Holtensen/Holtenser Berg, ab Haltestelle Tulpenweg drei Minuten Fußweg, Linie 7 Richtung Holtensen, ab Haltestelle Pfalz-Grona-Breite zwei Minuten Fußweg.

Blockflöte, Querflöte, Saxophon, Piano/Keyboard, Klarinette, Schlagzeug und Trommeln werden als Gruppen- oder Einzelunterricht angeboten.

Musi Kuss Musizierschule e.V.

Büro Reinhäuser Landstr. 55, Telefon (05 51) 70 49 73, www.musi-kuss.de

Instrumentalunterricht u. a. für Akkordeon, Blockflöte, Cello, Gitarre, Klavier, Klarinette, Saxophon, Oboe, Querflöte, Trompete, außerdem Gesangsunterricht, Tanzen, Musiktherapie, Englisch lernen mit Musik und Jugendblasorchester.

Jugendinitiative Angerstein e.V.

Plesseblick 25, 37176 Nörten-Hardenberg, Ortsteil Angerstein, Tel. u. Fax (0 55 03) 80 89 08, www.jugendinitiative-angerstein.de; Anfahrt von Göttingen kommend über die Umgehungsstraße (B3), Abfahrt Angerstein, an der 1. Ampel rechts hoch und die letzte Straße wieder rechts, bis zur ehemaligen katholischen Kirche, dort findet der Unterricht statt.

JugendBigBand (Jubb): Jazz, Pop, Rock und Latin mit Querflöte, Klarinette, Saxophon, Trompete, Posaune, Gitarre, Bass, Klavier für Kinder und Jugendliche ab ca. 10 Jahren unter der Leitung von Hans-Joachim Speer, Espoldeweg 3, 37176 Nörten-Hardenberg, Tel. (0 55 03) 31 62, E-mail hjs@web.de (auch Privat-Unterricht für Blechbläser und Klavier).

Gitarrenkurs für Kinder unter Leitung von Gilbert Cziommer.

Kinderchor KIC für Kinder ab 6 Jahren unter der Leitung von Olga Mrosz.

Musikschule Carola Rhode: musikalische Früherziehung, Blockflöte und Klavier, Tel. (0 55 03) 88 86 oder (0 55 03) 35 51.

Integrierte Gesamt-Musikschule Aiki

Martin-Aike Almstedt, Fahrt 7, 37133 Niedernjesa, Tel. (0 55 09) 12 85, www.martin-aike-almstedt.de, m.a.almstedt@t-online.de.

Das Einzel- und Gruppenangebot richtet sich an Kinder und Jugendliche, die aus Freude an der Musik ein Instrument spielen oder Singen lernen möchten. Klavier, Orgel, Gitarre, Percussion, Block- und Querflöte können unter anderem unterrichtet werden.

Volkshochschule Göttingen

Das vielfältige Angebot bitte aus dem aktuellen Programm entnehmen.

Kunst für Kinder

In Göttingen und Umgebung gibt es viele Institutionen und Vereine, die hochwertige Kunst- und Malkurse anbieten.

Kinder + Kunst

Werkstatt, Atelier und Galerie e.V., Groner Str. 2–3, 37073 Göttingen, Ute Wieder, Tel. (05 51) 9 89 98 53.

Mit Hilfestellung der beiden Pädagoginnen, können die Kinder hier ihrer Fantasie und Kreativität freien Raum lassen. Es entstehen wahre Wunderwerke, wobei bei den Kleinen mit Themen gearbeitet wird, während die Größeren sich ihre Techniken und Werkstoffe frei nach ihrer Wahl aussuchen können.

Das Angebot wird von Kindern ab 4 Jahren genutzt, nach oben sind altersmäßig keine Grenzen gesetzt. Eine tolle Möglichkeit, die eigene Kreativität ohne Zwänge auszuleben.

In den Räumen in der Groner Str. befindet sich neben dem Atelier auch die Erste Göttinger Kinder + Kunst Galerie, die einen Raum schafft, in dem die Öffentlichkeit Zugang zu künstlerischen Arbeiten von Kindern und Jugendlichen hat. Es lohnt sich! Öffnungszeiten während der Atelierzeiten, meist Di, Mi und Do nachmittags oder nach Vereinbarung.

Tipp: In den Ferien werden Kurse nach Absprache angeboten.

Künstlerhaus mit Galerie e.V.

Lichtenberghaus, Gotmarstr. 1, 37073 Göttingen, Telefon (05 51) 4 68 90, Fax (05 51) 54 13 48, Georg Hoppenstedt.

Im Kinder Kunst Club im Gewölbekeller des Künstlerhauses treffen sich einmal in der Woche Kinder, um Ausstellungen anzusehen, zu malen, zu zeichnen oder mit neuen Techniken zu experimentieren. Das Angebot richtet sich an Kinder zwischen 8 und 12 Jahren, es wird ein Materialkostenbeitrag erbeten, bei Interesse bitte auf das Band sprechen, Herr Hoppenstedt ruft zurück.

Kinderatelier Uta Sehr

Burgstr. 4, 37073 Göttingen, Tel. (05 51) 4 99 73 34.

Verschiedene Kurse und Angebote für Kinder, z. B. Werkstatt für Kinder von 5 – 13 Jahren, Werkstatt für Jugendliche, Sommerferienkurse für Kinder, Projektsamstage für Kinder, Jugendliche und Erwachsene jeden 1. Samstag im Monat.

Im Atelier kann mit unterschiedlichen Materialien experimentiert werden. Es wird gezeichnet, gemalt, gegipst, gedruckt, geraspelt, geklebt und vieles mehr. Die Fantasie und Kreativität stehen im Vordergrund.

Freie Kunstakademie Obernjesa

Dramfelder Str. 4, Obernjesa, Karin Handke und Michael Melchior, Telefon (0 55 09) 651, www.freiekunstakademie.de.

Der spontane, phantasievolle Umgang mit Material und Farben wird gefördert. Er beeinhaltet Farben-Lehre und Perspektive. Preise und Termine auf Anfrage oder im Internet.

Jugendinitiative Angerstein e.V.

Plesseblick 25, 37176 Nörten-Hardenberg, Angerstein. Tel. und Fax (0 55 03) 80 89 08, www.jugendinitiative-angerstein.de; Anfahrt siehe oben in diesem Abschnitt, unter „Musik für Kinder“.

Kursleiterin Susanne van Beeck bietet Kurse für Kinder ab 6 Jahren an. Diese können dienstags von 15.30 – 17 Uhr den Umgang mit Pinsel und Farbe lernen. Kinder und Jugendliche ab 10 Jahren haben dienstags die Möglichkeit, das Malen mit Acrylfarben auszuprobieren.

Werkstatt für Kinder

Jenny Fuchs, Schillerstr. 11, 37083 Göttingen, Telefon (05 51) 7 47 03, www.werkstatt-fuer-kinder.de.

Kurse für 5 – 15-jährige mit vielfältigen Gestaltungsmöglichkeiten und kreativen Techniken. Die Werkstatt ist eine Einrichtung, in der nicht schablonenhaftes Nachmachen, sondern der Mut zu eigenen Versuchen gestärkt werden soll, in der Kinder ihre Umwelteindrücke wiedergeben können, wo handwerkliche Fähigkeiten vertieft und erweitert werden und Spaß am Umgang mit verschiedenen Materialien und Gestaltungstechniken geweckt werden soll.

Es werden Maltechniken, Drucktechniken, Papierarbeiten, Textiletechniken, Lederarbeiten und Buchbindearbeiten angeboten.

Atelier Rauschenwasser

Imke Weichert, Rauschenwasser 76, 37120 Bovenden, Tel. (0 55 94) 99 91 77.

In idyllisch gelegenen Räumen können die Kinder ihrer Kreativität freien Lauf lassen. Neben einem festen Malangebot gibt es Bastelangebote, einen Fotokurs und ein Ernährungsseminar.

Das Angebot ist wechselnd. Es müssen das aktuelle Programm und die Termine bei Frau Weichert erfragt werden.

Volkshochschule Göttingen

Das vielfältige Angebot bitte aus dem aktuellen Programm entnehmen.

Platz für eigene Notizen

Unter dieser Rubrik ist vieles aufgelistet, was den Kindergeburtstag alternativ zu den traditionellen Spielen zum Erlebnis werden lässt, außerdem Veranstaltungsorte, Institutionen und Vereine, mit deren Unterstützung ein Kindergeburtstag ein unvergesslicher Tag wird.

Zauberer

Bertis Zaubershow

Tel. (01 72) 5 60 23 23.

Die Zauberin Berti präsentiert eine nette, unterhaltsame Zaubershow, die die Kinder mit einbezieht. Preis nach Absprache, preisgünstig und kurzweilig.

Zauberer Bartholomäus

Karl-Heinz Voß, Bussardstr. 24a, 37176 Nörten-Hardenberg, Tel. (0 55 03) 4 91 23.

Zauberer Bartholomäus zaubert aus Leidenschaft seit über 20 Jahren für Schulen, Kindergärten, Geburtstage und Feste aller Art. Eine Vorstellung dauert ca. 45 min, mit Zugaben meist 1 Std. Das Publikum wird in die Show mit einbezogen. Das Programm führt quer durch die Magie von Feuerkunst, Karten-, Seil- und Tuchtricks zu einer musikalisch unterlegten Lichtershow.

Zauberer Johan

Johan Krikken, Telefon (05 51) 9 22 03.

Sehr unterhaltsame und spaßige Zaubershow, in der z. B. aus einer Zeitung eine Palme wächst und die Zuschauer mit einbezogen werden. Dauer und Preis nach Vereinbarung.

Puppenspieler

Puppenspielvagantei Strüver

Am Herberhäuser Weinberge 17, 37075 Göttingen, Tel. (05 51) 2 13 91.

Bei der Puppenspielvagantei Strüver spielt der Kasper eine tragende Rolle, er begeistert die kleinen und großen Zuschauer immer wieder aufs Neue.

Gespielt werden Märchen und selbst erdachte Stücke. Dauer 35 bis 45 Minuten. Preis auf Anfrage. Alter ab 3 Jahre.

Puppentheater Altenhof

Arnd Altenhof, Mühlenweg 43, 37120 Bovenden, Tel. (05 51) 8 14 29

Der Puppenspieler Arnd Altenhof spielt die klassischen „Grimmschen Märchen" wie Froschkönig, Dornröschen, Rumpelstilzchen, Hänsel und Gretel und Stücke von Wilhelm Busch.

Er bezieht die Kinder altersentsprechend durch Fragen und außergewöhnliche, kleine Szenen mit ein und erntet damit viel Spaß und Freude.

Die Vorstellungen dauern ca. eine Dreiviertelstunde, die Preise richten sich auch nach der Entfernung.

Spielgeräte und Animation

Schminkagentur

Bernadette Conradi, Lindenstr. 23a, 37327 Wingerode, Telefon (0 36 05) 50 10 46, Fax (0 36 05) 54 29 17, Mobil (01 77) 5 15 18 64, www.schminkagentur.de, E-mail bemiconi @aol.de.

Nomi-Spielbus

Kreissparkasse Northeim, Wallstr. 40, 37154 Northeim; Mo–Fr 8–12 Uhr, Tel. und Fax (0 55 51) 70 96 75, Cornelia Jansch.

Den Spielbus NOMI gibt es seit 1979, dem Internationalen Jahr des Kindes. Seit 1995 ist NOMI der Spielbus der Kreissparkasse Northeim.

Es gibt viele Ideen und Materialien zum Spielen und Ausprobieren, z. B. Regentonnen, Seil, Riesenbausteine, Säcke, Werkzeug, Bälle, Stelzen, Hockeyschläger und Pedalos.

Eine Broschüre mit Spielvorschlägen ist kostenlos erhältlich, viele Spielgeräte sind ebenfalls kostenlos erhältlich. Der Spielzeugverleih richtet sich in erster Linie an Vereine oder Schulen, eine Spielberatung wird aber auch gern an private Interessenten weitergegeben, wenn z. B. ein Kindergeburtstag ansteht.

Spielfest-Service

Dipl.-Päd. Cornelia Jansch, Torstr. 11, 37154 Northeim-Höckelheim, Tel. (0 55 51) 91 91 16, Fax (0 55 51) 98 88 04, E-mail info@spiel-mit-service.de; Sprechzeiten Mo und Fr 17–19 Uhr, Di und Do 7.30–9.00 Uhr und nach Vereinbarung.

Hier wird ein breites Angebot für Kinderfeste bereitgestellt. Es gibt viele Möglichkeiten, angefangen vom Ausleihen der einzelnen Spielgeräte, der Bastelkistenvermietung bis hin zum Kindergeburtstag in der Kreativwerkstatt oder dem Spielfestpaket mit einer Rundumversorgung des Kinderfestes von A wie Animation bis Z wie Zugabe.

Eine große Themenvielfalt wie z. B. Hexenfest, Nonsens-Olympiade, Künstlerfest, Zirkusspielfest, Geister-Grusel-schauerlich, Detektivspielfest und Weltreise steht zur Verfügung. Jeder wird kompetent beraten.

Das Angebot richtet sich an Privatpersonen, Vereine, Schulen und Betriebe.

Auch Verleih von Hüpfburgen und Popcornmaschine.

Institutionen, die Kindergeburtstage veranstalten

Ev. Familienbildungsstätte-Fabi

Düstere Straße 19, 37073 Göttingen

Kindergeburtstagsfeier in den Räumen des Fabi zusammen mit einer Fachkraft, die mit Rat und Tat zur Seite steht: Gespensterfeten, „Dinerpartys", für jede Altersgruppe ist etwas dabei.

Möglich an Wochenenden oder in Ferienzeiten; Vorbesprechung, Miete und Feierbegleitung für 70,– €; Ansprechpartner Verena Küttner, Tel. (05 51) 4 88 69 80.

Stadtführungen für Kinder

Die Tourist-Information der Stadt Göttingen bietet spezielle Führungen für Kinder an.

Geeignet für Kinder ab 5 Jahren, Dauer 1,5 Stunden; 42,– €, max. 15 Kinder und eine Begleitperson; Tourist-Information Tel. (05 51) 4 99 80 12, www.goettingen-tourismus.de, E-mail Tourismus@goettingen.de.

Gemeinsam mit einer Stadtführerin gehen die Kinder auf eine spannende Entdeckungstour, erfahren Geheimnisse des Alten Rathauses und die Geschichte des Gänseliesels, sie suchen einen Schatz und dürfen sich in die Lage versetzen, wie es Missetätern im Mittelalter erging. Für Kindergeburtstage sehr gut geeignet, auch als Themenführung.

Internationaler Schulbauernhof

Bahnhofsstraße 31, 37181 Hardegsen, Telefon (0 55 05) 30 55, (0 55 03) 89 55 21, www.internationaler-schulbauernhof.de, E-mail info@internationaler-schulbauernhof.de.

Kindergeburtstag auf dem Bauernhof, ein tolles Erlebnis. Die speziellen Themen werden individuell besprochen, ob mit Tieren im Stall oder auf dem Feld, fast alles ist möglich. Ab dem Kindergartenalter geeignet, max. Gruppenstärke 15 – 20 Kinder, Kosten nach Absprache.

(Siehe auch unter „Aktivitäten im Freien – In der Natur").

Die Kinderstadt

Indoor Spiel Park, 37124 Göttingen, Telefon (05 51) 3 81 90 20, www.kinderstadtxxl.de.

(Siehe auch unter „Aktivitäten überdacht – Indoor Spielparks")

Kinderstadt-Geburtstagsparty mit Spielen und Toben ohne Ende, während die Erwachsenen in Ruhe Kaffee trinken und Zeitung lesen können. Ein Riesenspaß! Eintritt incl. Essen und Getränke im Partybereich 9,90 €, Geburtstagskind und zwei Erwachsene frei.

CinemaxX

Das CinemaxX zeigt den Geburtstagswunschfilm aus dem aktuellen Programm, für das Geburtstagskind ist der Eintritt frei. Anschließend verrät das CinemaxX die Geheimnisse des Kinos: Wie kommt das Bild auf die Leinwand, wie entsteht der Ton, wie sieht ein Film aus, wie wird Popcorn gemacht?

Als besonderes Bonbon darf das Geburtstagskind den Film selbst vorführen.

Infos unter Tel. (05 51) 5 21 52 10.

Moringer Wachsgießerei

Zum Opferteich 1, 37186 Moringen, Tel. (0 55 54) 19 77.

In der Wachsgießerei von Lena Almstedt dürfen sich die Kinder eine Figur aussuchen, die sie dann einfärben. Beim Essen erzählt Frau Almstedt den Kindern dann die Sagen vom Opferteich, der gleich hinter dem Haus liegt.

Kerzenziehen

Kerstin Bahder, Radolphshäuser Str. 3 37154 Northeim, Tel. (0 55 51) 6 35 69.

Nach Rücksprache, mindestens 6 Pers., maximal 14 Pers., ab Kindergartenalter bis 12 Jahre; Kosten ca. 5,– € für 4 Kerzen; Dauer ca. 2 Stunden.

Bei Frau Bahder können die Kinder die schon vorgezogenen Kerzen fertig stellen und verzieren.

Eggert-Lerncenter

Gartenstr. 25, Eingang Angerstr., 37073 Göttingen, Tel. (05 51) 5 63 28, www.eggert-lerncenter.de, E-mail kontakt@eggert-lerncenter.de.

In den Räumlichkeiten des Lerncenters können max. 10 Kinder/Jugendliche als Geburtstagsevent z. B. ein kleines Computerprogramm selbst schreiben oder erste Schritte hierzu erlernen. Anschließend bekommen sie das Resultat als CD mit.

Dauer zwei bis drei Stunden, Kosten und Termine nach Vereinbarung. Diese Veranstaltung bietet sich an für etwas ältere Kinder ab 10 Jahren, die für den Computer ja sehr zu begeistern sind.

Funsporthalle

Bertha-von-Suttner-Str. 2, Göttingen (bei den Zietenterrassen); Ansprechpartner Yvonne Hübner, Tel. (01 78) 8 46 38 51, 9 – 18 Uhr, E-mail funsporthalle@sc-hainberg.de, www.sc-hainberg.de.

Ein super Ort, um Geburtstage zu feiern, gerade für die etwas älteren Kinder ab 10 Jahre.

(Siehe auch unter „Aktivitäten überdacht – Indoor-Spielparks“)

Völkerkundliche Sammlung

Institut für Ethnologie, Theaterplatz 15, Telefon (05 51) 39 78 94, 37073 Göttingen, www.gwdg.de, gkruege1@gwdg.de;

Eine originelle Idee für die Geburtstagsfeier ist eine Führung durch die Ausstellung mit kindgerechten Erläuterungen oder eine Themenführung mit Basteln, hier ist vieles möglich.

Städtisches Museum Göttingen

Ritterplan 7–8, 37073 Göttingen, Telefon (05 51) 4 00 28 45, Fax (05 51) 4 00 20 59, museum@goettingen.de, www.goettingen.de/kultur/museum.

Ab Juni 2006 gibt es auch im Städtischen Museum Göttingen die Möglichkeit Kindergeburtstag zu feiern. Maximal 10 Kinder zwischen 6 und 12 Jahren starten mit einem spannenden Rundgang durchs Museum und basteln anschließend eigene Spiele, die auch gleich ausprobiert werden. Bei schönem Wetter wird der Museumsgarten mitgenutzt. Kuchen und Getränke können mitgebracht werden. Kosten 30,– € Grundpreis und 6,– € zusätzlich je Kind. Info und Anmeldung unter (05 51) 4 00 28 43. Ein tolles zusätzliches Angebot.

Tanzschule Krebs

Leibnizstraße 1a, 37083 Göttingen, Telefon (05 51) 7 46 14, www.ts-krebs.de E-mail info@ts-krebs.de.

Es können einmalige Tanzveranstaltungen für Kindergeburtstage gebucht werden.

Sonne.Wind.Wasser.Leben e.V.

Petrosilienstr. 10, 37133 Groß Schneen, Tel. (0 55 04) 9 49 93 43, www.sowiwale.de, E-mail info@sowiwale.de; Ansprechpartner Sabine Leistikow, Martin Malkmus.

Umwelt- und erlebnispädagogisch orientierter Bildungsverein der neben Kindergeburtstagen auch Sommerfreizeiten und Projekte ausrichtet.

Kreatives Gestalten, kooperative Abenteuerspiele und Naturerlebnisse werden unter anderem angeboten.

Europäisches Brotmuseum

Göttinger Str. 7, 37136 Ebergötzen, Telefon (0 55 07) 99 94 98, www.brotmuseum.de, emaila. info@brotmuseum.de.

Hier können auch Kindergeburtstage gefeiert werden.

(Siehe unter „Aktivitäten überdacht – Museen und Bergwerke“)

Wilhelm-Busch-Mühle Ebergötzen

Mühlengasse 8, 37136 Ebergötzen, Telefon (0 55 07) 71 81, www.wilhelm-busch-muehle.de.

Kindergeburtstagsfeiern nach Anmeldung sind möglich.

(Siehe unter „Aktivitäten überdacht – Museen und Bergwerke")

Paddeln auf der Rhume

(Siehe unter „Aktivitäten im Freien – Auf dem Wasser – Bootsverleih Northeim").

Sehr gut als Geburtstagsausflug geeignet.

Historische Spinnerei Gartetal

Steinsmühle 3, 37130 Gleichen-Klein Lengden, Tel. (0 55 08) 12 18, www.historische-spinnerei.de, E-mail info@historische-spinnerei.de.

Hier können Kindergeburtstage gefeiert werden.

Spielfest-Service

Carola Jansch, Torstr. 11, 37154 Northeim-Höckelheim, Tel. (0 55 51) 91 91 16.

(Siehe unter „Spielgeräte und Animation" in diesem Kapitel)

Kiessee Göttingen

Tel. (01 72) 5 87 89 71 oder (01 72) 5 61 33 43, E-mail boote@onlinehome.de.

An Kindergeburtstagen können Ruderboote gemietet werden und dann beginnt eine Schatzsuche quer über den Kiessee.

(Siehe auch unter „Aktivitäten im Freien – Auf dem Wasser")

Kids-Cooking

FREIZEIT IN, Dransfelder Str. 3, 37079 Göttingen, Telefon (05 51) 9 00 14 00, Heike Thomas.

Von 8 – 12 Jahre, leichte Kindergerichte von Kids zubereitet, gemeinsames Essen, Urkunde, Schürze, Mütze, Minikochbuch, Fotos aus der Kinderküche, Kids-Koch des Jahres. Als Kindergeburtstag buchbar.

Göttinger Kochschule

Grätzelstr. 6 (direkt am Levin-Park), 37079 Göttingen, Bernd Socher, Telefon und Fax (0 56 04) 60 62, www.goettinger-kochschule.de, E-mail info@goettinger-kochschule.de.

Als Geburtstagsveranstaltung für 7 – 12 Kinder buchbar.

(Siehe unter „Freizeit, Sport und Hobby")

Bowling-Center

Werner-von-Siemens-Str. 10, Göttingen, Tel. (05 51) 3 48 48.

Beliebte Geburtstagsattraktion, Schuhe werden gestellt, alles andere nach Absprache.

Naturkundemuseum Kassel

Naturkundemuseum im Ottoneum, Steinweg 2, 34117 Kassel, Tel. (05 61) 7 87 40 66, www.naturkundemuseum-kassel.de, E-mail info@naturkundemuseum-kassel.de.

Zwei Stunden lang, von 14.30 – 16.30 Uhr, erwartet die Kinder ein buntes Programm mit Ratespiel, Fossilienabgießen, Kinderführung und Edelsteinquiz.

Ein tolles Angebot, die Kinder sind begeistert, wenn sie anschließend ihren Dino-Abguss in den Händen halten.

Die Betreuung ist sehr versiert, nett und kann die Kinder gut begeistern. Für Kinder ab 8 Jahren, max. 15 Personen, Kosten gesamt 55,– €. Sehr zu empfehlen, es können auch Getränke und Kuchen mitgebracht werden.

Goslarer Museum

Königsstr. 1, 38640 Goslar, Telefon (0 53 21) 75 78 56.

Das Goslarer Museum bietet ein tolles Kindergeburtstagsprogramm, sodass sich die etwas weitere Anfahrt durchaus lohnt.

Folgende Themen werden unter anderem geboten:

Von Zauberei und Hexen-Allerlei (Basteln, Schminken, Verkleiden und Hexenmahl), Unterwegs mit Münzwaage und Geldkatze (u. a. Münze prägen), Kunst auf Stein- und Steinzeit (Pinsel bauen, Steinzeitfutter), Ganz im Stil der Nonnen und

Mönche (Texte schreiben mit Federkiel und Tinte), Schmuck aus Ton und Bronze (Schmuck aus Knochen, Muscheln, Ton, Metall und Steinen).

Das Thema variiert je nach Alter; Kosten 6,– € pro Kind plus Materialkosten, Gruppen je nach Thema bis zu 12 Kindern; Termin nach Absprache.

Erlebniswald Schönhagen

Touristik-Information Uslarer Land, Mühlentor 1, 37170 Uslar, Tel. (0 55 71) 9 22 40, Fax (0 55 71) 92 24 22, www.uslarer-land.de, www.erlebniswald.de, TouristikUslar@aol.com.

(Siehe unter „Aktivitäten im Freien – In der Natur")

Heinz-Sielmann-Stiftung

Gut Herbigshagen, 37115 Duderstadt, Tel. (0 55 27) 91 40, Fax (0 55 27) 91 41 00, info@sielmann-stiftung.de, www.sielmann-stiftung.de; geöffnet April bis Okt. 10 – 18 Uhr, Nov. bis März 11 – 17 Uhr; Anreise über die B27, Abfahrt Seeburg, B446 bis Duderstadt, dann die L531 Richtung Fuhrbach, gegenüber der Gaststätte „Rote Warte" links zum Gut Herbigshagen.

Empfehlenswert sind unbedingt die Projekte wie z. B. „Wolle filzen" und „Teichwelt erforschen", die für private Gruppen, z. B. Kindergeburtstagsfeiern, angeboten werden.

(Siehe auch unter „Aktivitäten im Freien – In der Natur")

Museen Kassel

Staatliche Museen Kassel, Museumspädagogik, Postfach 41 04 20, 34066 Kassel, Telefon (05 61) 31 68 00, Fax (05 61) 31 68 01 11, E-mail info@museum-kassel.de, www.museum-kassel.de

Ein breite Palette von Geburtstagsveranstaltungen werden angeboten.

(Siehe „Aktivitäten im Freien – Stadt Göttingen und Umgebung" bei Führungen und Museen)

Spaßbäder

(Siehe unter „Unternehmungen – Schwimmbäder usw.")

Familienparks

(Siehe unter „Aktivitäten im Freien – Erlebnisparks")

Hier bietet sich besonders der Familienpark in Sottrum an.

Auch die **Kletterparks** im Harz bieten sich als Geburtstagsevent an.

Platz für eigene Notizen

In den Oster-, Sommer- und Herbstferien bieten die Stadt Göttingen und die umliegenden Gemeinden ein Ferienprogramm an. Das Programm der umliegenden Gemeinden wird in der Tageszeitung rechtzeitig veröffentlicht, einige der Möglichkeiten in Göttingen folgen auf den folgenden Seiten.

Stadt Göttingen Ferienprogramm

Der Ferienkalender der Stadt Göttingen liegt einige Wochen vorher im Alten Rathaus oder im Neuen Rathaus aus, er wird auch in den Schulen ausgeteilt.

Anmeldungen und Infos für die Aktionen beim Fachdienst Jugendarbeit/Jugendförderung unter Tel. (05 51) 4 00 29 44 (Frau Salamon), 4 00 26 89 (Herr Meyer) oder 4 00 20 36 (Herr Berg), persönlich Zimmer 3332 zwischen 8.30 und 13.00 Uhr im Neuen Rathaus oder bei der Sparkasse, Am Markt.

Das Programm wechselt, folgende Aktionen finden aber fast immer statt:

Mach-Mit-Aktion auf der Wiese am Gartetalbahnhof, Betreuungszeit Montag bis Freitag von 10 – 17.15 Uhr, Mittagessen für 2,50 €, für Kinder von 6 bis 13 Jahren.

Kinderflohmärkte auf der Wiese am Gartetalbahnhof, Schiefer Weg. Hier kann man wirklich Schnäppchen machen, das Angebot ist überwältigend.

Larifari Kinder-Sonntags-Theater im Zelt am Gartetalbahnhof, Schiefer Weg.

Ausflugsfahrten in den Vogelpark Walsrode, Zoo Hannover, Serengeti-Park, Rasti-Land, Gut Herbigshagen und mit dem Knax-Express.

Besuche der Feuerwehr, Polizei, Bäckerei und Stadtreinigung.

Tanzkurse, PC-Kurse, Inline-Skater-Kurse, Rad-Tour und spezielle Kinoprogramme z.B. im CinemaxX.

Das Programm ist wirklich spitzenmäßig und bietet für jeden etwas.

Auch die **Kinderhäuser** bieten Ferienprogramme an:

Kinderhaus Abraxas, Luxemburgstr. 2, Telefon (05 51) 4 00 54 37, www.abraxas.goettingen.de.

Kinderhaus Grone Süd, Tel. (05 51) 4 00 56 47

Kinderhaus Leineberg, Weserstr. 30a, 37081 Göttingen, Tel. (05 51) 70 31 11.

Kinderhaus Lohmühle, Lohmühlenweg 4, 37073 Göttingen, Tel. (05 51) 4 00 33 85.

Kinderhaus Zebolon, Grätzelstr. 8, Tel. (05 51) 4 00 53 58.

Jugendtreff Grone-Süd, Tel. (05 51) 4 00 56 46.

Jugendhaus Holtenser Berg, Londonstr. 41, 37079 Göttingen, Telefon (05 51) 4 00 54 49, www.holtberg.goettingen.de

Jugendzentrum Maschmühle, Telefon (05 51) 4 00 53 55.

Ferienprogramm Sport

Die Göttinger Sport und Freizeit GmbH & Co. KG. (GoeSF) bietet in den Sommermonaten für wenig Geld ein hervorragendes Sportprogramm an, das den Kindern und Jugendlichen ermöglicht, auch bisher nicht ausgeübte Sportarten zu erkunden. Die Kurse werden von ausgebildeten Übungsleitern betreut und sind maximal 20 Personen stark.

Informationen gibt es bei der Göttinger Sport und Freizeit GmbH, Badeparadies Eiswiese, Jörg Bollensen in Zi. 113, 1. Stock, Tel. (05 51) 50 70 91 43.

Persönliche Anmeldung ist erforderlich, dann muss auch gleich der Teilnahmebeitrag von meist 20,– € bezahlt werden. Ein Programm gibt es über die Schulen oder im Badeparadies.

Unter anderem wird folgendes angeboten:

Akrobatik, Artistik und Zirkusschule, Ballet, Bogenschießen Fechten, Judo, Klettern, Mini-Golf, Segeln, Tauchen, Tennis, Paddeln und Trampolin, um nur einige Beispiele zu nennen.

Das Programm ist klasse und sehr zu empfehlen.

Ferienprogramme der Stadtbibliothek

Stadtbibliothek Göttingen, Gotmarstr. 8, 37073 Göttingen, Telefon (05 51) 4 00 28 30, Fax (05 51) 4 00 27 60, E-mail stabigoe @goettingen.de, www.stadtbibliothek. goettingen.de.

Osterferien: „Oma-Opa-Kinder-Tage", Veranstaltungsreihe mit Vorlesen und Basteln mit den Großeltern.

Sommerferien: „Der Vorlesesommer", Vorlesen auf ausgewählten Spielplätzen in Göttingen.

Herbstferien: „Oma-Opa-Kinder-Tage", Veranstaltungsreihe mit Vorlesen und Basteln mit den Großeltern.

Auch von vielen Vereinen und Organisationen werden Ferienprogramme angeboten, z. B.:

Ev. Familienbildungsstätte

Düstere Straße 19, 37073 Göttingen, Tel. (05 51) 4 88 69 80, E-mail fabi-goe@t-online. de, www.fabi-goe.de.

Ferien-Radio-Treff für Kinder von 9–12 Jahre. Von den Kindern wird eine Stunde Programm beim StadtRadio Göttingen selbstständig erarbeitet und dann im Radio gesendet, super.

Waldfreizeiten für Kinder

Stadt Göttingen, Fachdienst Stadtwald, Pfarrweg 1, 37075 Herberhausen, Tel. (05 51) 2 10 22, Fax (05 51) 2 30 65, E-mail stadtforstamt@goettingen.de.

Kinderfreizeiten im Göttinger Stadtwald: Kinder in unterschiedlichen Altersgruppen zwischen 6 und 12 Jahre sollen Spaß daran finden, die Natur und all ihre Wunder und Phänomene zu entdecken und zu erforschen. Angebote in den Sommer- und Herbstferien.

Feriencomputerkurse

Eggert-Lerncenter

Gartenstr. 25, Eingang Angerstr., 37073 Göttingen, Telefon (05 51) 5 63 28, Fax (05 51) 5 31 60 50, www.eggert-lerncenter.de.

In den Ferien werden regelmäßig Kurse angeboten, Programme stehen rechtzeitig im Internet oder können telefonisch angefordert werden.

Kunstkurse

Kinder + Kunst

Werkstatt, Atelier und Galerie e.V., Groner Str. 2/3, 37073 Göttingen, Charlotte Kowollik und Ute Wieder, Telefon (05 51) 9 89 98 53.

In den Ferien werden freie und themenbezogene Kunstkurse angeboten.

Familienfreizeiten/integrative Familienfreizeiten

Internationaler Schulbauernhof Hardegsen

Geschäftsführer Axel Unger, Bahnhofstraße 31, 37181 Hardegsen, Telefon (0 55 05) 30 55, (0 55 03) 80 55 21, www.internationaler-schulbauernhof.de, E-mail info@internationaler-schulbauernhof.de.

Auf dem Bauernhof können Gruppen bis max. 30–35 Personen Freizeiten durchführen. Die Aufenthaltsdauer kann die Gruppe selbst festlegen, Kosten auf Anfrage. (Siehe auch unter „Aktivitäten im Freien–In der Natur")

Tipp: Sehr gut geeignet und schon mehrfach erprobt auch für integrative Gruppen.

Heinz-Sielmann-Stiftung Gut Herbigshagen

(Siehe unter „Unternehmungen–Tiere und Pflanzen")

Arillus

Arillus GmbH, Schildweg 1, 37085 Göttingen, Tel. (05 51) 3 89 47 83, www.arillus.de.

Die Waldfreizeiten und Abenteuerwochenenden sind ein tolles Erlebnis und werden unter verschiedensten Themen durchgeführt, z.B. Vater-Kind-Wochenende oder Walddetektive.

Jugendreisen und Ferienfreizeiten

Summertime

Freizeiten für Kinder und Jugendliche des Stadtjugendrings Göttingen e.V., Düstere Str. 20a, 37073 Göttingen, Tel. (05 51) 8 20 77 - 65 (Fax - 95), E-mail info@sjrg.de, www.sjrg.de und vom Fachbereich Jugend der Stadt Göttingen.

Im Infoheft „Summertime“, das von der Stadt in den Schulen verteilt wird und im Rathaus ausliegt, werden unter anderem Zeltlager, Paddeltouren, Tagesbetreuungen, Kinderfreizeiten und Camps im In- und Ausland angeboten. Das Programm ist sehr vielseitig und eignet sich für Kinder von 5 bis 17 Jahren, auch integrative Freizeiten werden angeboten.

Ferienprogramm Sport

Auch der Stadtsportbund und die GoeSF bieten Ferienfreizeiten an, z.B. Basketball-, Fußball-, Handball-Trainingscamps, Reiterferien, Sprachferien in England, Funcamp in Frankreich und Wassersport auf der Fulda. Das vollständige Programm ist in der Broschüre „Ferienprogramm Sport“ der Göttinger Sport und Freizeit GmbH & Co. KG, www.goesf.de, zu finden. (Siehe auch unter „Ferienprogramm“ in diesem Kapitel).

Die Tennisvereine, wie der SC Weende, PSV Blau-Gelb und der TSC, bieten in den Ferien Tenniscamps an.

Basketballcamps der BG 74

Basketballgemeinschaft von 1974 Göttingen e.V., Hardenbergweg 42, 37083 Göttingen, Tel. (05 51) 79 58 19, www.bg74.de.

In den Oster-, Sommer- und Herbstferien werden regelmäßig Basketballcamps angeboten, die spitzenmäßig sind. Termine bitte im Internet nachschlagen.

ARRIBA Jugendreisen und Jugendcamps

Familienski- & Sommerreisen, Jugendcamps im Winter und Sommer

ARRIBA sportreisen

ARRIBA Sportreisen GmbH, Nikolausberger Weg 61, 37073 Göttingen, Tel. (05 51) 48 66 82, Fax (05 51) 48 59 76, E-mail info@arriba.de, www.arriba.de;

ARRIBA bietet sowohl im Winter als auch im Sommer kinderorientierte Familienreisen an.

Im Winter: Ski- und Snowboardkurse vor- und nachmittags für die Kinder, vormittags auch für Erwachsene. Diese Reisen werden von einem Team aus Skilehrern und Reisebetreuern begleitet. Im Sommer gibt es Familienangebote in süd- und mitteleuropäischen Gefilden.

Jugendlichen zwischen 14 und 17 Jahren bietet ARRIBA im Winter und im Sommer betreute Freizeitangebote ohne Eltern an. Ein Team aus engagierten Jugendbetreuern kümmert sich während dieser Freizeiten rund um die Uhr um die Kids.

Ski- und Snowboard-Freizeiten im Winter und Sommer-Camps an der französischen Atlantikküste, in Spanien oder auf Sardinien. Alles Fun-tastische Ziele für Sonnenanbeter und Wassersportfreaks. ARRIBA arbeitet im Jugendbereich eng mit kommunalen Stellen wie Stadtsportbund und Stadtjugendpflege zusammen.

Erlebnispädagogik

RUZ

Regionales Umweltzentrum Reinhausen, Kontakt Burkhard Verch, Kirchberg 10, 37130 Gleichen-Reinhausen, Tel. (0 55 92) 90 62 20, Fax (0 55 92) 90 62 55, E-mail ruz @nfa-reinhaus.Niedersachsen.de.

Umweltbildung für Schüler und die Allgemeinheit zu Themen wie Wald, Landwirtschaft, Bienen, Gartenbau, Fließgewässer. Der Schau- und Bauerngarten, das Waldameisen-Formicarium und der Gartenteich mit Aquarium-Sichtscheibe sind frei zugänglich. Exkursionen, Seminare und Erlebniswanderungen auf Anfrage.

Es gibt mehrere RUZ, z.B. auch noch das RUZ Hardegsen.

Kinderwald Hoher Hagen

Haus Hoher Hagen, 37172 Dransfeld, Tel. (0 55 02) 36 97, www.haushoherhagen.de, E-mail info@haushoherhagen.de.

Ziel des Projektes ist es, den Kindern eine gegensätzliche Erfahrung zum Alltag zu bieten, sie sollen den Wald mit allen Sinnen kennenlernen. Es stehen Kinderwald-Wochenenden, mehrtägige Aktionen für Kindergruppen und Kinderwald-Ferien für Eltern und Kinder auf dem Programm.

Arillus

Arillus GmbH, Schildweg 1, 37085 Göttingen, Ralf Gerhard, Tel. (05 51) 3 89 47 83, www.arillus.de, Fachdienst Stadtwald Göttingen, Sylvia Wendeling, Pfarrweg 1, 37075 Göttingen-Herberhausen.

Es werden besonders in den Ferien und an Wochenenden Projekte wie Wald-Uni für Kinder und Abenteuertouren angeboten, das Programm steht im Internet.

Impuls-Projekt Kinderacker

Forum für Gesundheit und Prävention e.V., Weender Landstr. 1, 37073 Göttingen, Telefon (05 51) 5 96 03, www.kinderacker.city-map.de.

Kinder und Jugendliche sind heute oft ihrer natürlichen Umwelt entfremdet, hier versucht der Verein „Kinderacker" anzusetzen. Die Veranstaltungen finden auf Bio-Höfen der Region statt. Die Kinder bestimmen z. B. Getreidesorten, lernen den Boden zu bearbeiten und beschäftigen sich mit Tieren. Ihnen werden Aufgaben übertragen, dadurch wächst das Verantwortungsbewusstsein.

Sowiwale

Sonne. Wind. Wasser. Leben e.V., Petrosilienstraße 10, 37133 Groß Schneen, Telefon (0 55 04) 9 49 93 43, www.sowiwale.de.

Regelmäßige Aktionstreffen in der Gemeinde Friedland für 8–13-jährige Jungen und Mädchen. Einmal im Monat oder ein Wochenende lang gibt es die Möglichkeit, viele neue, spannende Dinge zu entdecken und zu erleben: Laubhütten bauen, Spuren lesen, Kunst in der Natur, kreatives Gestalten und vieles mehr.

Platz für eigene Notizen

Familienkalender

Jährliche regelmäßige Veranstaltungen:

Januar/Februar

Göttinger Figurentheater

Ab dem letzten Wochenende im Januar bis Mitte Februar werden die neuesten Stücke verschiedener Figurentheatergruppen aus ganz Deutschland vorgestellt. Im Deutschen Theater, im Jungen Theater, im Alten Rathaus und im Kino Lumière begeistert das Programm die Zuschauer jeder Altersgruppe.

Das jeweils aktuelle Programm liegt rechtzeitig in der Tourist-Info im Alten Rathaus aus und wird in der Tagespresse bekannt gegeben. Ein Besuch lohnt sich unbedingt.

Kinderbuchwochen

Die Kinderbuchwochen unter dem Motto „Dem Lesen Raum geben" werden Ende Januar von der Stadtbibliothek veranstaltet. Zwei Wochen lang werden Aktionen für Kinder angeboten, Bilderbuchkino, Vorleseaktionen, Erzählwerkstatt oder Bibliotheksführungen. Das Programm liegt in der Stadtbibliothek aus. Stadtbibliothek Göttingen, Gotmarstr. 8, 37073 Göttingen, Tel. (05 51) 4 00 28 30, Fax (05 51) 4 00 27 60, E-mail stabigoe@goettingen.de, www.stadtbibliothek.goettingen.de.

Zeugnisfeier für Grundschüler

Ende Januar: „1, 2, 3, 4, wenn es Zeugnisse gibt, dann feiern wir", Zeugnisfeier für Grundschüler von 18–22 Uhr in der Stadtbibliothek Göttingen, Gotmarstr. 8, 37073 Göttingen, Tel. (05 51) 4 00 28 30, Fax (05 51) 4 00 27 60, E-mail stabigoe@goettingen.de, www.stadtbibliothek.goettingen.de.

März/April

Kinderflohmarkt

Alles von Kindern für Kinder, Kulturzentrum Godehardstr. 19/21, Göttingen; Veranstalter ist die Stadt Göttingen, Fachbereich Jugend.

„Mit 2 dabei"

Schoßkinderveranstaltungen für 2½-jährige und Eltern, sechsmal vormittags oder nachmittags; Stadtbibliothek Göttingen, Gotmarstr. 8, 37073 Göttingen, Telefon (05 51) 4 00 28 30, Fax (05 51) 4 00 27 60, E-mail stabigoe@goettingen.de, www.stadtbibliothek.goettingen.de.

„BiBaBücherbär"

Vorlesen und Basteln für Kindergartenkinder und Eltern, sechsmal nachmittags. Stadtbibliothek, Gotmarstr. 8, 37073 Göttingen, Tel. (05 51) 4 00 28 30, Fax (05 51) 4 00 27 60, E-mail stabigoe@goettingen.de, www.stadtbibliothek.goettingen.de.

Bücherfrühling

Vorleseveranstaltung oder Kindertheater um den 23.4. herum; Stadtbibliothek Göttingen, Gotmarstr. 8, 37073 Göttingen, Tel. (05 51) 4 00 28 30, Fax (05 51) 4 00 27 60, E-mail stabigoe@goettingen.de, www.stadtbibliothek.goettingen.de.

Mai/Juni

Kinder-Uni

In der Kinder-Uni der Georg-August-Universität Göttingen zeigen Professoren und Lehrende der Universität Kindern zwischen der 3. und 6. Klasse, was und wie sie forschen. Super!

www.kinder-uni.uni-goettingen.de. (Siehe auch „Freizeit, Sport und Hobby" in diesem Kapitel)

Göttinger Kindertheaterfestival Larifari

Immer im Mai/Juni stellen Kindertheatergruppen aus allen Teilen Deutschlands ihr Programm auf der Wiese Danziger Straße/ Ecke Tilsiter Straße vor. Eine Woche lang werden die verschiedensten Dinge dargeboten, vom Figuren- bis zum Mitmachtheater, nicht nur für junge Zuschauer ein gelungenes Spektakel.

Göttinger Frühlingsfest

Jedes Jahr im Mai findet das Fest auf dem Schützenplatz statt. Zehn Tage lang kann man Karussell fahren, Zuckerwatte essen, Berg-und-Tal-Bahn fahren und alles was sonst noch so zu einem richtigen Rummelplatz gehört. Zum Abschluss gibt es dann ein Riesenfeuerwerk.

Göttinger Spieleautorentreffen

Spieleautoren aus ganz Deutschland treffen sich im Juni in der Stadthalle um ihre neusten Entwicklungen vorzustellen. Besonders Autorenneulinge stehen hier im Vordergrund des Geschehens. An Publikumstagen hat jeder Besucher die Möglichkeit, die neuen Spiele anzuschauen und auszuprobieren.

Juli/August

Göttinger Altstadtlauf

Im Juni/Juli wird für einige Stunden die Innenstadt abgesperrt und die Läufer aller Altersgruppen laufen ein- oder mehrmals durch die Göttinger Innenstadt, begleitet von anfeuernden Menschenmassen, Trommelgruppen und johlenden Fans.

Für jede Altersgruppe gibt es unterschiedliche Streckenanforderungen, für jeden ist etwas dabei, sodass auch ein ungeübter Läufer teilnehmen kann. Ganze Schulklassen nehmen an diesem Volkslauf teil, die jüngsten Teilnehmer sind 4–5 Jahre alt. Auch die Zuschauer kommen auf ihre Kosten, da die Stimmung klasse ist.

„Göttingen rollt" Inline-Skating

Meist zweimal jährlich, im Juli und im Herbst, wird der Lutteranger in Weende für den Verkehr gesperrt und nur für Inliner freigegeben.

Es werden dann Rennen gefahren, Technik vermittelt und Spiele veranstaltet. Das Ganze ist ein schönes Ereignis mit viel Spaß.

Nacht der Kulturen

Jedes Jahr Anfang Juli findet in der Göttinger Innenstadt die Nacht der Kulturen statt. Ein buntes Programm aus Theater, Musik, Comedy und Kleinkunst erwartet die rund 5.000 Besucher.

Märchenwoche

Es war einmal und ist immer noch jedes Jahr im Juli/August eine Woche, die nur den Märchen gewidmet ist. Ein Leitthema gibt die Richtung für die verschiedenen Veranstaltungen vor. Hierzu zählt eine Ausstellung im Alten Rathaus, Lesungen, Theatervorführungen, Vorträge, Musikveranstaltungen und Workshops.

September

Tag des offenen Denkmals

In ganz Deutschland öffnen am 2. Sonntag im September historische Stätten ihre Pforten, auch in Göttingen. Informationen erhält man unter www.tag-des-offenen-denkmals.de.

Domino-Theaterfest

Domino e.V. ist eine Vereinigung Göttinger Theatergruppen. Diese veranstalten gemeinsam mit anderen Theatergruppen im September in Schulen und Kindergärten, aber auch im Kino Lumière und im Jungen Theater ein großes Theaterfest mit zwölf verschiedenen Bühnenstücken. Ob Figuren- oder Erzähltheater, für jeden Geschmack und jedes Alter ist etwas im Programm. Mit Improvisationstheater, Theaterworkshops und anderen Aktionen werden die Kinder in das Geschehen einbezogen und lernen so viel über das Theater und die Theaterkunst.

Drachenfest in Hevensen

Mitte September findet auf einer großen Wiese zwischen Wolbrechtshausen und Hevensen ein Drachenfest statt. Hierzu kommen viele Menschen aus der Umgebung von Göttingen. Es sind kleine und riesige Drachen vertreten – ein schönes Schauspiel.

Drachenfest Göttingen

Auf der 1.000 m² großen „Drachenwiese" an der Reinhäuser Landstraße versammeln sich jedes Jahr im September/Oktober große und kleine Drachenliebhaber und Spezialisten, um den ganzen Tag bis zur Dunkelheit ihre Drachen steigen zu lassen. Ob Lenkdrachen, hochkomplizierte Konstruktionen oder die sogenannten „Einleiner", bei diesem Familienfest gibt es für jeden etwas zum Bestaunen.

Oktober

Göttinger Jugendbuchwoche

Die Göttinger GEW veranstaltet im Oktober in enger Zusammenarbeit mit dem Friedrich-Bödecker-Kreis seit fast 40 Jahren die Kinder- und Jugendbuchwoche. Hierdurch soll Kindern und Jugendlichen die Möglichkeit gegeben werden, Literatur neu und anders zu erleben, selbst zu erfahren und z.B. in eigenen Schreibwerkstätten selbst auszuprobieren. Es werden bekannte Kinder- und Jugendbuchautoren eingeladen, die ihre Werke in Schulen, im CinemaxX, in der Stadtbibliothek oder in der Buchhandlung vortragen und mit den Zuhörern diskutieren. Im Rahmenprogramm finden Theateraufführungen, Kinovorführungen und Workshops statt. Infos unter www.goettinger-jugendbuchwoche.de oder aus der Tagespresse.

Ergänzendes Programm der Stadtbibliothek.

Kinderfilmfest

Direkt vor den Herbstferien wird eine Woche lang jeden Tag ein Kinderfilm im Kino Lumière mit anschließenden Mitmachaktionen vorgestellt. Für jede Altersgruppe ist etwas dabei, auch für die ganz Kleinen. Nähere Informationen findet man unter www.lumiere.de.

Kinder-Uni

In der Kinder-Uni der Georg-August-Universität Göttingen zeigen Professoren und Lehrende der Universität Kindern zwischen der 3. und 6. Klasse, was und wie sie forschen. Super!

www.kinder-uni.uni-goettingen.de (Siehe auch unter „Freizeit, Sport und Hobby" in diesem Kapitel)

November

Kinderflohmarkt

Im Kulturzentrum Godehardstr. 19–21, Göttingen; Veranstalter Stadt Göttingen, Fachbereich Jugend.

Dezember

Göttinger Weihnachtsmarkt

Ab Ende November bis 23. Dezember ist rund um das Alte Rathaus und um die Johanniskirche alles voll mit Ständen und Buden. Kinderspielzeug und viel Krimskrams sind genauso zu kaufen wie gebrannte Mandeln und Lebkuchenherzen, nach denen es in dieser Zeit auch überall duftet. Für die Kleinen wird als zusätzliche Attraktion ein kleines „Riesenrad" und ein Kinderkarussell angeboten.

Krippenausstellung in der Johanniskirche

Gleichzeitig mit dem Weihnachtsmarkt findet in der Johanniskirche eine Krippenausstellung statt. Einwohner der Stadt und Umgebung stellen ihre Krippen für eine Ausstellung zur Verfügung, sodass es alle nur erdenklichen Modelle und Größen zu sehen gibt und für die Kinder eine schöne Weihnachtseinstimmung herrscht.

Kinderbetreuung Stadtbibliothek

Während der Adventszeit jeweils an den Adventssamstagen von 10–16 Uhr Kinderbetreuung mit Spielen, Basteln, Vorlesen und einzelnen besonderen Veranstaltungen; Stadtbibliothek Göttingen, Gotmarstr. 8, 37073 Göttingen, Telefon (05 51) 4 00 28 30, Fax (05 51) 4 00 27 60, E-mail stabigoe@goettingen.de, www.stadtbibliothek.goettingen.de.

Die täglichen Veranstaltungen entnehmen Sie bitte dem Göttinger Tageblatt oder der aktuellen Mosquito Ausgabe.

Platz für eigene Notizen

Freizeit, Sport und Hobby von A – Z

American Football

BG 74, Basketballgemeinschaft von 1974 Göttingen e.V.

Hardenbergweg 42, 37083 Göttingen, Tel. (05 51) 79 58 19, www.bg74.de., E-mail info@bg.74.de

Ballonfahrten

Skyline GmbH

Tel. (0 55 04) 9 49 91 15, www.skylinegmbh.de.

Eine Ballonfahrt dauert 60–90 Minuten, das gesamte Ereignis ca. 4 Stunden.

Ballon-Team

37085 Göttingen, Rohnsterassen 14, Telefon (05 51) 5 31 16 63.

Dies ist nur ein kleiner Teil der Angebote, mehr dazu in den gelben Seiten des örtlichen Telefonbuches.

Baseball

Allstars Baseball Team

www.goettingen-allstars.de.

Pioneers Hevensen

Kontakt Torsten Henne, Tel. (0 55 03) 80 58 80, www.hevensen-pioneers.de

Basketball

Basketballgemeinschaft von 1974 Göttingen e.V.

Hardenbergweg 42, 37083 Göttingen, Tel. (05 51) 79 58 19, www.bg74.de., E-mail info@bg.74.de.

Die **BG 74** hat eine sehr leistungsstarke Basketballabteilung mit einer Herren- und Damen-Bundesliga-Mannschaft. Auch die Nachwuchsarbeit hat hier einen hohen Stellenwert. Regelmäßige Camps in den Ferien für die Kurzen haben hier Tradition und werden gut besucht. Weitere Infos über die Internetseite.

(Siehe auch unter „Ferien“)

ASC Göttingen

Danzigerstr. 21, 37083 Göttingen, Telefon (05 51) 5 17 46 45, www.asc46.de.

BMX

Das Fahren mit BMX-Rädern ist z.B. in der Funsporthalle an den Zietenterrassen möglich. (Siehe unter „Aktivtäten überdacht – Indoor-Spielparks“)

Sport-Club Hainberg e.V.

Tel. (05 51) 7 70 27 88, www.sc-hainberg.de.

Bogenschießen

ASC Göttingen von 1846 e.V.

Danziger Str. 21, 37083 Göttingen, Telefon (05 51) 5 17 46 45, www.asc46.de.

Boxen

ASC 46

Danziger Str. 21, 37083 Göttingen, Telefon (05 51) 5 17 46 45, www.asc46.de.

Bowling

Bowling-Center Göttingen

37077 Göttingen, Werner-von-Siemens-Str. 10, Tel. (05 51) 3 48 48.

Cheerleading

Basketballgemeinschaft von 1974 Göttingen e.V.

Hardenbergweg 42, 37083 Göttingen, Telefon (05 51) 79 58 19, www.bg74.de.

Clubs

KNAX-Klub der Sparkassen

Jedes Kind im Alter von 6–12 Jahren kann Mitglied im KNAX-Klub werden. KNAXianer haben tolle Vorteile: kostenlose Mitgliedschaft, KNAX-Ausweis, alle 2 Monate einen kostenlosen Comic mit tollen Abenteuern und eine vergünstigte oder gar kostenfreie Teilnahme an Veranstaltungen. KNAXianer werden immer schriftlich informiert, wenn etwas los ist, dadurch kommen sie schneller und einfacher an Karten für Theater, Disco und vieles mehr. Also, es lohnt sich, KNAXianer zu werden!

Computer

Eggert-Lerncenter

Gartenstr. 25, Eingang Angerstr., 37073 Göttingen, Telefon (05 51) 5 63 28, Fax (05 51) 5 31 60 50, www.eggert-lerncenter.de.

In kleinen Gruppen werden hier die Kinder kompetent betreut, es werden Kurse für Einsteiger und Fortgeschrittene angeboten, Lerntraining und Blindschreiben am PC. In den Ferien finden spezielle Programme statt. Die Kinder sind sehr begeistert.

Volkshochschule Göttingen

Bahnhofsallee 7, 37081 Göttingen, Telefon (05 51) 4 95 20, www.vhs-goettingen.de.

Kreisvolkshochschule Northeim

Wallstr. 40, 37154 Northeim, Telefon (0 55 51) 91 95 25, www.kvhs-northeim.de.

Drachen

Drachenfeste in Hevensen und in Göttingen (Siehe unter „Familienkalender“ in diesem Kapitel)

Traumtänzer – Der Drachenladen, Göttingen

Kurze Geismarstr. 34, 37073 Göttingen, Tel. (05 51) 5 81 63, Fax (05 51) 48 79 38, E-mail traumtaenzer-goettingen@t-online.de, www.drachen-online.de

Im Taumtänzer-Laden findet man neben Drachen aller Art Jonglierartikel, ausgewählte Spiele, Experimentierkästen, Ritter, Schminke, Experimentierbücher und viele kleine, hübsche hochwertige Geschenkartikel. Ein schöner Laden, in dem auch einfach so geschaut und geschmökert werden kann.

Eis und Schnee

(Siehe am Ende des Abschnitts die Angebote unter „Winter“)

Experimente

EMA

Experimentieren mit Albert, Dr. Lydia Würzberg, Telefon (05 51) 5 53 84, www.experimentieren-mit-albert.de.

Das Mitmach- und Experimentierlabor EMA bietet jungen Forschern ab 5 Jahren altersgerecht die Möglichkeit, die Welt zu erforschen. Angefangen bei der Luft über Wasser, Elektrizität, Magnetismus bis hin zum menschlichen Körper werden den Kindern durch einfache, anschauliche Experimente Natur und Technik nahe gebracht.

Sie bekommen einen Ordner, in dem der Versuchsaufbau steht, in den Stunden werden dann die Ergebnisse eingetragen, sodass die Kinder diese zu Hause nachvollziehen oder die Versuche noch einmal durchführen können.

Ev. Familienbildungsstätte Experimentierclub für Forscher von 8–10 Jahren

Düstere Str. 19, 37073 Göttingen, Telefon (05 51) 4 88 69 80, www.fabi-goe.de.

An drei Samstagen werden mit den Kindern einige der Wunder unserer Welt mit vielen Experimenten und Basteleien erkundet. Themen z. B.: Luft ist nicht Nichts, Von Unterwasservulkanen und kleinen Tauchern, Das Licht hat viele Farben.

XLAB

Experimentierlabor für Kinder ab dem Grundschulalter. Die Kurse sind in erster Linie als zusätzliches Angebot für den Schulunterricht gedacht, aber z. T. auch als Einzelperson oder private Gruppe zu belegen. www.xlab-goettingen.de.

Fahrrad

Fahrradverleih in Göttingen: Voss Fahrräder, direkt am Bahnhof, Tel. (05 51) 5 99 94.

Fahrradtouren

In der Umgebung von Göttingen gibt es einige tolle Fahrradtouren, die auch mit kleineren Kinder gut zu meistern sind. Infos und Kartenmaterial gibt es im Buchhandel oder beim ADFC.

Empfehlenswerte Karten sind: Wanderführer Region Göttingen (Göttinger Tageblatt und BUND), Werratal-Radweg (Bielefelder Radkarten), Weser-Radweg (Bielefelder Radkarten), Leine-Radfernweg, Bikeguide für Göttingen (Andreas Haberlach, Mauritz u. Grewe Verlag).

Werratal-Radweg

Die Strecke von Bad Sooden-Allendorf bis Witzenhausen mit Pause z. B. in Lindewerra, dem Stockmacherdorf (siehe unter „Aktivitäten überdacht – Museen und Bergwerke“) und Pause auf der Burg Ludwigstein (siehe unter „Unternehmungen – Burgen und Schlösser“) ist wunderschön und gut auch mit kleineren Kindern zu fahren.

Weser-Radweg
Hier ist besonders die Strecke zwischen Bad Karlshafen und Höxter als Tagesausflug zu erwähnen, mit Zwischenstopp an der Godelheimer Freizeitanlage (siehe unter „Aktivitäten im Freien–Auf dem Wasser") und Schloss Corvey (siehe unter „Unternehmungen–Burgen und Schlösser"). Die Rückfahrt ist mit dem Schiff möglich.

Auch der Abschnitt Holzminden–Polle (siehe unter „Unternehmungen–Burgen und Schlösser")–Bodenwerder ist einfach zu fahren und sehr schön.

Leine-Radweg
Von Göttingen aus bietet sich die Strecke bis Salzderhelden und Einbeck an, vielleicht Zwischenstopp in Northeim am Abenteuerspielplatz Brunkelskamp (siehe unter „Spielplätze" in diesem Abschnitt) oder an der Northeimer Seenplatte und Stopp in Salzderhelden, um die Burg (siehe unter „Unternehmungen–Burgen und Schlösser") zu besichtigen.

Sechs Touren durch Grone, die Innenstadt und den Stadtwald
Fahrradführer, Verlag Mauritz & Grewe.

Skulpturenweg Bad Gandersheim
Tourist-Information, Stiftsfreiheit 12, 37581 Bad Gandersheim, Tel. (0 53 82) 7 33 21 oder 7 33 22, Fax (0 53 82) 73 53 21 oder 7 37 70, touristinformation@bad-gandersheim.de, www.radweg-zur-kunst.de.

Zwischen Bad Gandersheim und Lamspringe ist der insgesamt 12 km lange Radweg auf einer stillgelegten Bahntrasse angelegt. Der Weg kann natürlich auch erwandert oder mit Inlinern befahren werden. Einkehrstationen finden sich am Wegesrand.

(Siehe unter „Aktivitäten im Freien–In der Natur")

Fahrrad-Erlebnisstrecke „Zeit-Leine" (in Planung)
Eine Million Jahre entsprechen vier Metern – dies ist der konzipierte Maßstab für eine geplante Fahrrad-Erlebnisstrecke entlang der Leine von Leinefelde (Urknall) bis Northeim (Die Sonne erlischt).

Fechten

ASC 46 e.V.
Danzigerstr. 21, 37083 Göttingen, Telefon (05 51) 5 17 46 45, www.asc46.de.

Freizeitanlagen

(Siehe unter „Spielplätze" in diesem Abschnitt)

Fotos, Filme, Videos

Volkshochschule Göttingen e.V.
Bahnhofsallee 7, 37081 Göttingen, Telefon (05 51) 4 95 20, www.vhs-goettingen.de.

Atelier Rauschenwasser
Rauschenwasser 76, 37120 Bovenden, Telefon (0 55 94) 99 91 77.

Fotokurs für Kinder von 8–12 Jahren, Kursleitung Thomas Teichmann, Tel. (05 51) 8 20 99 95.

Golf

Golfzentrum der Universität Göttingen

Golfzentrum am Papenberg, Sprangerweg 2, 37075 Göttingen, Tel. (05 51) 39 56 63 oder (01 51) 14 53 31 17, Fax (05 51) 39 56 41, www.golf.uni-goettingen.de, E-mail golf@sport.uni-goettingen.de.

Das öffentliche Golfzentrum der Uni Göttingen befindet sich am Papenberg auf der ca. vier Hektar großen Grünfläche zwischen dem Universitätsklinikum und dem Uni-Sportzentrum. Die seit April 2005 bestehende Anlage steht allen interessierten Bürgerinnen und Bürgern offen. Es gibt Tageskarten und Kursangebote.

Golf Club Hardenberg e.V.
Hardenberg Golfresort in Levershausen bei Northeim, Tel. (0 55 51) 90 83 80, Fax (0 55 51) 9 08 38 20, www.gchardenberg.de.

Wunderschön gelegene und gestaltete Anlage.

Golf-Club Göttingen e.V.
Levershausen, 37154 Northeim, Telefon (0 55 51) 6 19 15.

Hockey

Hockey-Club Göttingen e.V.

Mittelberg 68, 37085 Göttingen, Tel. und Fax (05 51) 79 28 26, www.hcgoettingen.de.

Inline-Skating

Inline-Skating wird von mehreren Vereinen angeboten:

MTV von 1898 Geismar e.V.
SC Hainberg e.V.
Turn- und Sportverein von 1861 Göttingen e.V.
ASC von 1846 e.V.
Eine Fläche für Inlineskater steht im Spielpark am Elmweg (Elmpark) zur Verfügung.

Jugendbuchtreff Ju-Bu-Crew KAZ

Hospitalstr. 6, 37073 Göttingen, Telefon (05 51) 5 30 62, Fax (05 51) 54 14 81, www.kaz-goettingen.de, mail@kaz-goettingen.de, Info bei Elisabeth Böker, Tel. (05 51) 79 53 41; für Kinder von 8–18 Jahre, dienstags von 18–19 Uhr.

Es werden neue Bücher ausgetauscht, die kostenlos von den Verlagen geschickt werden. Über diese Bücher wird dann eine Rezension geschrieben und das „Buch des Monats" ausgesucht.

Kampfsportarten wie Karate, Jiu-Jitsu, Judo, Taekwon-Do, Aikido

Hier nur einige der anbietenden Vereine:

ASC Göttingen e.V.
Danziger Str. 21, 37083 Göttingen, www.asc46.de, Tel. (05 51) 5 17 46 45.

Der **ASC Göttingen** ist der älteste und größte Verein in Niedersachsen mit ca.

7.000 Mitgliedern. Vereinseigene Sportanlagen, Sport-Kindergarten, Kinderhort, Gesundheitssport und ein riesiges Sportangebot stellt der Verein bereit.

Er engagiert sich besonders für die sportliche Betreuung von Kindern und unterstützt z. B. die Aktion „fit für pisa – mehr Bewegung in den Schulen".

Aikido-Verein Göttingen e.V.
Aikido-Team Göttingen, Tel. (0 55 51) 95 20 70.

Budokan Göttingen e.V.
Tel. (0 55 09) 18 84

Karate Dojo Göttingen e.V., Yong-Schule e.V.
Tel. (05 51) 2 31 70

Shotokan Göttingen e.V.
Tel. (05 51) 37 17 74

Taekwon-Do Club Han Dok Göttingen e.V.
Tel. (05 51) 7 44 17

Kanu

Vereinigung Göttinger Faltbootfahrer e.V.
Tel. (05 51) 9 34 38

Göttinger Paddler-Club e.V.
Sandweg 13, 37083 Göttingen, Tel. 7 90 68 63, www.goettingerpaddlerclub.de.

Waspo Göttingen e.V.
Nikolaistr. 30, 37075 Göttingen, Telefon (05 51) 70 55 08, www.waspo.de.

Kegeln

Wird von ganz vielen Vereinen angeboten, Adressen z. B. in den gelben Seiten oder unter www.goesf.de.

Klettern

Deutscher Alpenverein, Sektion Göttingen e.V.
Hannoversche Str. 121, 37077 Göttingen, Tel. (05 51) 4 38 15, www.DAVGoettingen.de.

In einer Sporthalle in Weende verfügt der DAV über eine Kletterwand.

Kletterhalle Kassel
Lilienthalstr. 23, 34123 Kassel, Telefon (05 61) 5 79 05 05, www.verticalworld.de. (Siehe Aktivitäten überdacht–Indoor Spielparks).

Skyrope Hochseilpark Bad Harzburg
(Siehe unter „Aktivitäten im Freien–Erlebnisparks")

Kletterwald St. Andreasberg
(Siehe unter „Aktivitäten im Freien–Erlebnisparks")

Kinder-Uni Göttingen

Pädagogisches Seminar der Universität Göttingen, Baurat-Gerber-Str. 4–6, 37073 Göttingen, www.kinder-uni.uni-goettingen.de.

Für Schülerinnen und Schüler der dritten bis sechsten Klasse finden jeweils im Sommersemester und im Wintersemester Vorlesungen an der Uni statt. Professoren und Lehrende der Universität zeigen jeweils in sechs Vorlesungen, was und wie sie forschen. Themen wie z. B. Haus und Nutztiere, chemische Wirkstoffe, durchsichtige Steine und die Ureinwohner Papua-Neuguineas werden altersgerecht entweder im ZHG oder in den Instituten vorgetragen.

Die Termine sind immer mittwochs 16.30 Uhr, manchmal gibt es noch eine Zusatzvorlesung. Eine Woche vorher muss man sich im Internet oder per Postkarte anmelden. Die Kinder-Uni ist eine tolle Einrichtung, die den Kindern viel vermittelt, wobei sie es natürlich am liebsten haben, wenn es zischt, knallt oder explodiert. Unbedingt empfehlenswert.

Knigge-Kurse

FREIZEIT IN

Dransfelder Str. 3, 37079 Göttingen, Telefon (05 51) 90 01 10, www.freizeit-in.de.

Junior-Knigge-Kurs für Teens (8–16 Jahre)

Zweimal im Jahr, Termine zu erfahren unter (05 51) 9 00 14 00, Heike Thomas, Dauer 4 Std., Kosten 39,– €.

Moderne Tischsitten, Kleidung, Sprache, Höfliches, Charmantes, gemeinsames Mittagessen, praktische Tipps.

Kochen

Kids-Cooking (von 8–12 Jahre)

FREIZEIT IN

Dransfelder Str. 3, 37079 Göttingen, Telefon (05 51) 9 00 14 00, Heike Thomas, www.freizeit-in.de.

Leichte Kindergerichte, Kids-Koch des Jahres, Schürze, Mütze, Minikochbuch, Urkunde, gemeinsames Essen. Zweimal im Jahr Termine, Dauer 4 Std.

Tipp: Auch als Kindergeburtstag buchbar.

Göttinger Kochschule

Grätzelstr. 6 (am Levin-Park), 37079 Göttingen, Bernd Socher, Tel. u. Fax (0 56 04) 60 62, www.goettinger-kochschule.de, E-mail info@goettinger-kochschule.de.

Kinder jeden Alters sind hier willkommen, um gemeinsam unter fachkundiger Anleitung etwas Neues auszuprobieren, z. B. Tiramisu, Scaloppine, Panna cotta oder Apfelpunsch. Gruppen von 7–12 Kindern, Altersunterschiede meist kein Problem.

Bei genügend großer Küche kann der Kochkurs auch zuhause stattfinden.

Tipp: Auch als Geburtstagsparty möglich.

Malen und Zeichnen

(Siehe unter „Kreative Angebote – Musik und Kunst")

Minigolf

Miniatur-Golfsport-Club Göttingen e.V., Tel. (05 51) 6 64 78, www.mgc-goettingen.de.

Mini-Golf Anlage des MGC Göttingen e.V.

Grätzelstr. 11, 37079 Göttingen, Telefon (05 51) 6 14 30.

Auch Nichtmitglieder können die Bahn bespielen.

Mini-Golf Anlage Schillerwiese

Hainholzweg, 37085 Göttingen

Modellbau

Göttinger Schiffsmodellbauer e.V.

Uwe Söder, Tel. (05 51) 3 89 29 00.

Modellsportverein Condor Göttingen e.V.

Modellflugsport, dem Verein steht ein 13.000 m² großes Modellfluggelände zur Verfügung; Telefon (0 55 93) 80 28 15 oder (05 51) 6 61 99, www.msv-condor.de.

Mountainbike

In der Umgebung von Göttingen gibt es die Mountainbike-Region Naturpark Solling-Vogler, die 2005 neu eröffnet wurde. Sie umfasst 15 Rundrouten sowie eine Mehrtagetour von 160 km, insgesamt 760 km mit 17.000 Höhenmetern nach ADFC-Standard ausgeschildert.

Foto: A. Dick

Das Kartenset ist zu beziehen über die Touristik-Information Hochsolling, Haus des Gastes, 37603 Holzminden/Neuhaus, Telefon (0 55 36) 10 11, Fax (0 55 36) 13 50, E-mail hochsolling@holzminden.de, www.hochsolling.de.

Musik

(Siehe unter „Kreative Angebote – Musik und Kunst")

Natur und Umweltgruppen

Umweltdetektive

NaturFreunde Göttingen, NaturFreundejugend, NaturFreundehaus Göttingen, Auf dem Hagen 38, 37079 Göttingen, Telefon (05 51) 6 87 96, E-mail umweltdetektive @naturfreunde-goettingen.de www. umweltdetektive.homepage.t-online.de; jeden Freitag Treffen im NaturFreundehaus, um Tier- und Pflanzenwelt zu erforschen, Dabei Nutzung des Internet für die Recherchen.

Nabu-Gruppe Göttingen e.V.

Geiststr. 2, 37073 Göttingen, Telefon (05 51) 48 69 93, Fax (05 51) 4 97 87 47, www. nabugoettingen@t-online.de, Kindergruppe, Naturerlebnis Göttingen. Der BUND und der NABU haben eine Kooperation im Bereich Kinder- und Jugendarbeit begonnen, immer dienstags von 15.30 – 17.30 Uhr wird eine Gruppe von 7 – 12-jährigen Kindern betreut, der Schwerpunkt liegt auf dem direkten Erleben, also auf Aktivitäten unter freiem Himmel.

Greenpeace-Gruppe Göttingen

Geiststr. 2, 37073 Göttingen, Tel. (05 51) 5 94 07, gruppen.greenpeace.de/goettingen, E-mail goettingen@greenpeace.de; eher etwas für Kinder ab 10 Jahre.

Paddeln

Göttinger Paddler-Club e.V.

Sandweg 13, 37083 Göttingen, Telefon 7 90 68 63, www.goettingerpaddlerclub.de.

Pferde, Reiten

Göttinger Pony-, Reit- und Fahrclub e.V.

Gardinenstr. 14a, 37120 Bovenden, Telefon (0 55 93) 9 51 81, (01 79) 7 55 52 25.

Reitverein Hainholzhof Göttingen und Herberhausen e.V.

Borheckstr. 66, 37085 Göttingen, Telefon (05 51) 7 24 83.

Reitgemeinschaft Pegasus Göttingen e.V.

Schlagemühlenweg 4d, 37081 Göttingen, Tel. (05 51) 9 74 00.

Steckenpferd

Spiel- und Reitgruppen für Kinder zwischen 2 und 12 Jahren.

Kinder-Gartemühle

Reinhäuser Landstraße 301, Telefon (05 51) 2 50 92 75.

Radsport

Radsport-Verein Möwe 04 Göttingen

Holland 12a, 37124 Rosdorf, Telefon (0 55 09) 27 57.

Radsportgemeinschaft Göttingen

Schlesierring 21, 37085 Göttingen, Telefon (05 51) 7 77 21.

Rollschuhlaufen

1. Rollkunstlauf-Club Göttingen e.V.

Leibnizstr. 2, 37083 Göttingen, Telefon (05 51) 7 70 16 97, www.rcgoettingen.de.

Schwimmen
Wird von vielen Vereinen angeboten, z. B. vom ASC 46, Waspo, SC Weende, DLRG Ortsgruppe Göttingen, Tel. (05 51) 3 07 79 22, www.goettingen.dlrg.de, siehe auch unter www.goesf.de.

(Siehe auch unter „Unternehmungen – Schwimmbäder, Badeseen")

Segeln
Göttinger Segler-Club e.V.
Tel. (05 51) 7 70 10 40, Sandweg 9c, 37083 Göttingen, www.goettinger-segler.de.

Segler-Vereinigung Seeburger See e.V.
Liegnitzer Str. 14, 37120 Bovenden, Tel. (05 51) 84 56, www.svss.de.

Northeimer Segelclub e.V.
Freizeitsee Hollenstedter Weg, Telefon (0 55 51) 5 48 44 oder (0 55 51) 99 57 44.

Waspo Göttingen e.V.
Nikolaistr. 30, 37075 Göttingen, Telefon (05 51) 70 55 08.

Sporteln
Mehrmals im Jahr Veranstaltung sonntags für Familien mit kleinen Kindern, Ankündigung in der Tagespresse, veranstaltet vom Waspo Göttingen e.V., Nikolaistr. 30, 37075 Göttingen, Tel. (05 51) 70 55 08, www.waspo.de.

Sportkindergarten
ASC 46, Danziger Str. 21, 37083 Göttingen, Tel. (05 51) 5 17 46 45, www.asc46.de.

Skateboard
Vor dem **Neuen Rathaus in Göttingen** gibt es die Möglichkeit, Skateboard zu fahren. Dort treffen sich die Jugendlichen, um neue Kunststücke auszuprobieren.

Auch in der **Funsporthalle** Göttingen ist Skateboardfahren super, besonders da es dort Rampen und eine Halfpipe gibt. (Siehe unter „Aktivitäten überdacht – Indoor-Spielparks")

Skateranlage in Northeim am Mühlenanger: 30 x 15 m große Fläche mit fünf Großgeräten: freistehende Rail, Pyramide mit Bauer Box, Bank mit Podest, Quarter Pipe mit Podest und Roll-In, Ollie Box; geöffnet von 7 – 13 und 15 – 22 Uhr; Info Stadt Northeim Tel. (0 55 51) 96 62 75.

Spiel-Sport & Bewegungsschule für Kinder

ASC Göttingen e.V.
Danziger Straße 21, 37083 Göttingen, www.asc46.de, Tel. (05 51) 5 17 46 45.

Spielplätze, Abenteuerspielplätze, Freizeitanlagen

In diesem Rahmen können nur einige besondere Spielplätze genannt werden.

Spielpark am Elmweg (Elmpark)
Mit einer Fläche von 12.000 m² ist der neue Spielpark in Grone der größte in Göttingen. Er steht Kindern, Jugendlichen und Eltern ganz Göttingens zur Verfügung. Ein Beachvolleyball- und Streetballfeld, Flächen für Inlineskater, eine Spielmulde und Flächen für Kinder- und Familientreffen sind vorhanden.

Spielplatz am Jahnstadion
Schöner Spielplatz für kleinere Kinder mit einem Trecker, Wasserspielen und Klettergeräten.

Piratenschiff am Kiessee
Am Göttinger Kiessee steht ein „Piratenschiffswrack" aus Holz mit Kletterseilen, Fernrohr, Kompass und Ausguck. Ein tolles Abenteuer- und Kletterschiff, Bänke laden zum Ausruhen oder Picknicken ein.

Spielplatz am Cheltenhampark
Netter Spielplatz, direkt an den Wallanlagen und am Schwänchenteich gelegen.

Schillerwiese
Die Schillerwiesen sind mit ihrem Kletterwald, dem kleinen Bach, der großen Grünfläche und dem Spielplatz eine tolle Spieloase. (Siehe unter „Aktivitäten im Freien – In der Natur")

Freizeitanlage Brunkelskamp
Northeim Brunkelskamp, von Göttingen aus durch Northeim durchfahren Richtung

Autobahn, ohne abzubiegen; fast schon außerhalb des Ortes, nachdem man eine Brücke überquert hat, rechts abbiegen und dann nach ca. 200 m wieder rechts, hier ist es ausgeschildert.

Ein super toller, großer Abenteuerspielplatz mit Kletteranlagen, Bolzplatz, Kleinkinder-Spielgeräten, schön gelegen mit vielen Bänken, Tischtennisplatten, sanitären Anlagen, bestens geeignet für einen Familienausflug, auch mit dem Fahrrad.

Surfen

Göttinger Skizunft e.V.
Leipziger Str. 9, 37120 Bovenden, Telefon (05 51) 84 81, www.skizunft.notrix.de.

Northeimer Windsurfing Club
Bootshaus/Seenplatte, Tel. (0 55 51) 95 25 49.

Windsurfing Klub Südniedersachsen e.V.
An der Mühle 7, 37075 Göttingen, Tel. (01 72) 9 36 39 95, www.wks-goe.de.

Tanzen

Tanzen wird von vielen Göttinger Vereinen angeboten, die in der Sportdatenbank www.goesf.de zu finden sind.

ASC 46
Danziger Str. 21, 37083 Göttingen, Telefon (05 51) 5 17 46 45, www.asc46.de.

Das größte Angebot für tanzbegeisterte Kinder und Jugendliche hat sicherlich der ASC. Er bietet ein breit gefächertes Repertoire speziell für Kinder ab 6 Jahren. Hier sind besonders Jazztanz und HipHop zu erwähnen. Außerdem gibt es noch eine große, hervorragende Ballettabteilung für Kinder ab 4 Jahren.

Außerdem gibt es mehrere Tanzschulen in Göttingen, die auch für Kinder Tanzkurse anbieten, z. B.:

Tanzschule Krebs
Leibnizstraße 1a, 37083 Göttingen, Telefon (05 51) 7 46 14, www.ts-krebs.de, E-mail info@ts-krebs.de; Kurse für Kinder ab 2 Jahre.

Crea Dance Tanzschule Krebs
Mitglied im ADTV

Das aktuelle Programm mit Kurszeiten kann telefonisch angefordert oder auf der Webseite eingesehen werden. Die Tanzschule Krebs liegt in der Nähe des Neuen Rathauses.

Die Kurse der Tanzschule Krebs orientieren sich am Alter der Kinder und finden in der Schulzeit wöchentlich statt. Bei den Tanzflöhen bis 6 Jahre steht der Spaß an der Bewegung im Vordergrund, bei den 6–9-jährigen werden schon einfache Schrittfolgen eingeübt. Die 8–12-Jährigen tanzen in speziellen Kursen die Choreographien aus aktuellen Musikvideos nach oder werden in HipHop unterrichtet. Die Länge der Kurse ist altersentsprechend unterschiedlich.

Tipp: Auf Anfrage können auch einmalige Kurse zum Beispiel für Geburtstagsfeiern gebucht werden.

Clubtanzschule Für Sie
Bachstr. 2, 37081 Göttingen, Telefon (05 51) 9 89 92 22, www.fuersie-goettingen.de; Ballett für Kinder ab 4 Jahre, Jazz Dance ab 10 Jahre, Video-Clip-Dance ab 10 Jahre.

Hip-Hop-Dance-Academy
Groner Landstr. 21, Tel. (05 51) 3 89 46 40 oder (0 55 07) 91 52 25, www.hip-hop-dance-academy.de, E-mail info@hip-hop-dance-academy.de, Öffnungszeiten: Di, Do, Fr 15 – 20 Uhr.

Spezielle Angebote für Kinder: Hip-Hop, Ragga, Latinelemente, Breakdance.

Auftritte mit Kindern bis hin zum Meisterschafts-/ Wettkampftraining.

Step by Step
Am Wochenmarkt 24, 37073 Göttingen, Tel. (05 51) 5 31 34 53.

Tauchen

Göttinger Skizunft e.V.
Leibziger Str. 9, 37120 Bovenden, Telefon (05 51) 84 81, www.skizunft.notrix.de.

Göttinger Unterwasser-Sportclub „Seegurke" e.V.
Postfach 20 02 05, 37087 Göttingen, www.seegurke.de.

Waspo Göttingen e.V.,
Nikolaistr. 30, 37075 Göttingen, Telefon (05 51) 70 55 08, www.waspo.de.

DLRG Göttingen,
Tel. (05 51) 3 07 79 22, www.goettingen.dlrg.de.

Tennis

Tennis wird von vielen Göttinger Vereinen angeboten, die in der Sportdatenbank www.goesf.de zu finden sind.

Töpfern

Keramikwerkstatt für Kinder
KAZ-Keramikwerkstatt für Kinder von 6 – 12 Jahren, Di von 16 – 17.30 Uhr, Kosten 5,– € pro Kind/Termin; Anmeldung Sandra Eckardt, Tel. (05 51) 51 73 67, www.kaz-goettingen.de.

VHS Göttingen
Bahnhofsallee 7, 37081 Göttingen, Telefon (05 51) 4 95 20, www.vhs-goettingen.de.

Kreisvolkshochschule Northeim
Wallstr. 40, 37154 Northeim, Tel. (0 55 51) 91 95 25, www.kvhs-northeim.de.

Veranstaltungshinweise

Die aktuellen Veranstaltungen können dem **Göttinger Tageblatt** und der **HNA**, Mosquito und KIDSgo entnommen werden.

Mosquito erscheint alle 2 Monate, ist kostenlos zum Mitnehmen und liegt in Rathäusern, Bibliotheken, Spielzeuggeschäften und überall da aus, wo es etwas für Kinder gibt; www.mosquito-magazin.de.

KIDSgo erscheint alle drei Monate; www.kidsgo.de.

Wandern

Die Umgebung Göttingens eignet sich hervorragend zum Wandern, auch mit Kindern. In Göttingen selbst bietet sich der Stadtwald an, aber auch die nächste Umgebung ist herrlich zu erwandern. Literatur hierzu findet sich unter anderem im Wanderführer Region Göttingen vom BUND (ISBN 3-924781-53-2), Wandern und Radwandern von Georg Lauterbach (ISBN 3-924781-35-4), Wandern in Göttingen vom Göttinger Tageblatt.

Außerdem bieten sich natürlich der Harz, der Solling und der Hohe Meißner an:

Jeden Sonntag fährt der Harz-, Solling- und Eichsfeld-Wanderbus; Info und Fahrpläne unter Tel. (05 51) 1 94 49 oder www.vsninfo.de.

Wanderungen am Hohen Meißner (754 m), auch „König der hessischen Berge" genannt

Frau Holle-Teich, 15 km von Eschwege; von Vockerode kommend am Gasthaus Schwalbenthal rechts Richtung Bad Sooden oder von Bad Sooden kommend in Kammerbach links abbiegen.

Stinksteinwand (Kalbe): 20 min beschilderter Fußweg, ausgehend vom Parkplatz am Frau Holle-Teich. Über den beschilderten Fußweg wartet unweit vom Frau Holle-Teich eine weitere Sehenswürdigkeit, die Stinksteinwand (Kalbe), ein Kohleflöz, in der Nähe eines Sees und Überbleibsel eines Tagebaurestlochs, das seit mehr als 300 Jahren schwelt.

Wandern im Hainich-Nationalpark

Baumkronenpfad (Siehe unter „Aktivitäten im Freien – In der Natur")

Wassersport

Stadtsportbund Göttingen e.V.

Haus des Sports, Sandweg 5, 37083 Göttingen, Tel. (05 51) 7 07 01 30

Winter

Rodeln und Skifahren

Im Göttinger Stadtwald am Kehr ist Rodeln möglich, in Weende ist am Hellweg eine schöne Rodelbahn (Beginn unterhalb der Weender Sportanlagen, Ende neben den Teichanlagen am Weendespring).

In Dransfeld ist unterhalb des Gaußturmes eine sehr gute Rodel-Strecke.

Im Harz: unter anderem am Sonnenberg, am Wurmberg, am Matthias-Schmidt-Hang in Braunlage, in Torfhaus (mit Schlitten-Lift) und in St. Andreasberg.

Im Solling: in Neuhaus neben dem Tierpark mit kleinem Skilift.

Im Winter fährt sonntags ein Skibus in den Harz, Info unter www.vsninfo.de oder Tel. (05 51) 1 94 49.

Skifahren und Rodeln ist auch am Hohen Meißner möglich.

Yoga

Ev. Familienbildungsstätte (Fabi)
Tel. (05 51) 4 88 69 80, www.fabi-goe.de.

Schnupperkurs Yoga für Kinder von 7–9 Jahre. Eingebettet in lebendige Geschichten und Spiele erlernen die Kinder Bewegungsabfolgen und Entspannungsübungen des Hatha-Yogas. Sie können sich austoben, sich im sozialen Miteinander ausprobieren und Stille erfahren. Für die Eltern gibt es vorher einen Infoabend.

Platz für eigene Notizen

Mosquito verschenken oder abonnieren

Das Veranstaltungsmagazin für Eltern und Kinder in Kassel, Göttingen und Region

www.mosquito-magazin.de

Termine
Termine
Termine

Kinder-Uni Göttingen zum Bestellen

Jahresabonnement für das Mosquito Familien- und Veranstaltungsmagazin

Ja, ich möchte das Mosquito-Magazin abonnieren, für 6 Ausgaben frei Haus ab Monat 02. 04. 06. 08. 10. 12. 2006 (**bitte einkreisen**) zum Preis (inkl. 7% MwSt) von:

- ◯ **15 €/Jahr Einzelabo** (1 Heft pro Ausgabe)
- ◯ **35 €/Jahr Firmenabo** (40 Hefte pro Ausgabe)

+ Kinderuni:
- ◯ **4 € für 1 Semester** (3 Ausgaben)
- ◯ **8 € für 2 Semester** (6 Ausgaben)

Wir erstellen keine Rechnungen, denn beim Bankeinzug dient die Abbuchung als Nachweis für das Finanzamt. Sie können das Abonnement bis nach der Zusendung der 6. Ausgabe schriftlich kündigen. Ansonsten verlängert es sich für die nächsten 6 Ausgaben!

Kontoinhaber

Kontonummer

BLZ

Bank

Datum, Unterschrift

Aboauftrag bitte senden an: Mosquito-Media Verlag, Friedrich-Jenner-Str. 12, 37085 Göttingen, Fax: (05 51) 4 89 77 27, abo@mosquito-magazin.de

Adressen von A–Z

Beratung und Infos

Beratungs- und Therapiezentrum für Kinder und Jugendliche der Stadt Göttingen

Düstere-Eichen-Weg 19, 37073 Göttingen, Telefon 4 00 49 27, Harald Knoke, nach Terminabsprache.

Blechtrommel und Projekt Kontakt

Untere Karspüle 4, 37073 Göttingen, Telefon 7 07 94 10 oder 7 07 94 19, Christian Hölscher, www.jugendhilfe-goettingen.de, kontakt@jugendhilfe-goettingen.de; geöffnet Mo–Mi 13–16 Uhr, Do u. Fr 10–13 Uhr, Interkultur, Jugendarbeit, freizeitpädagogische Angebote, Prävention.

Kontakt- und Beratungsstelle für Jugendliche und junge Erwachsene

Goßlerstr. 23, 37073 Göttingen, Tel. 39 26 93 / 95; Beratung, Therapie, Sozialberatung.

Evangelischer Kirchenkreisjugenddienst

Nikolausberger Weg 73, 37073 Göttingen, Telefon 5 99 04, Henry Wörmcke-Fiedler, www.kirchenkreis-goettingen.de, henry.woermcke@web.de; Mo–Fr 9–16 Uhr; allgemeine Beratung, Beratung von Wehrdienstverweigerern.

Frühförderung und Beratung Stadt Göttingen

Saathoffplatz 1, 37083 Göttingen, Telefon 63 28 92, Wolfgang Dams, www.goettingen.de; Anmeldung jederzeit möglich.

Schulpsychologische Beratung Landesschulbehörde

Nikolaistr. 29, 37073 Göttingen, Tel. 5 48 06 32; Beratung für Schüler, Eltern und Lehrer.

Kore e.V., Frauenbildungswerk und Mädchentreff

Turmstr. 5, 37083 Göttingen Telefon 5 74 53, Mo–Mi 9.30–1.30 Uhr, Hilfe bei Alltags-, Schul-, und Gesundheitsproblemen.

Deutscher Kinderschutzbund Göttingen e.V.

Nikolaistr. 11, 37073 Göttingen, Tel. 7 70 98 77, Regina Kimmel und Michael Stechbart, Kinderschutzbund-goe@freenet.de, r.kimmel@t-online.de; Mo–Mi 11–12 Uhr und nach Vereinbarung; Beratung, Elternkurse, Arbeitsgruppen, Vorträge.

Kinderbüro Göttingen

Friedländer Weg 53, 37085 Göttingen, Telefon 31 54 44 oder 7 89 51 83, Norbert Ullrich, UllrichGoe@aol.com; 6–14 Jahre Informations- und Kontaktstelle.

Kinder- und Jugendtelefon e.V.

Tel. (08 00) 1 11 03 33, kostenlose Nummer; Mo–Fr 15–19 Uhr, Sa 14–19 Uhr; Beratung.

UNICEF Göttingen

Lange Geismarstr. 78, 37073 Göttingen, Tel. 5 88 30, Ulrike Labusch; Di 9.30–12.30 Uhr und Do 15–18 Uhr.

Internationaler Bund Jugendmigrationsdienst

Greitweg 3, 37081 Göttingen, Telefon 9 62 32, Sylvia Hartge-Koch, Mario Lehrmann, www.internationaler-bund.de, JMD-goettingen@internationaler-bund.de; Mo 10–12 Uhr, Do 14–16 Uhr; Beratung, Betreuung, Integrationskurse.

Elterntelefon

Tel. (08 00) 1 11 05 50, gebührenfrei; Mo–Mi 9–11 Uhr, Di u. Do 17–19 Uhr.

Arbeiterwohlfahrt Kreisverband e.V.
Hospitalstraße 10, Telefon 5 00 91 41; Mo – Do 9 – 14 Uhr, Fr 9 – 13 Uhr und nach Vereinbarung; u. a. Familien- und Erziehungsberatung.

Bahnhofsmission im Bahnhof Göttingen
Tel. 5 61 90; Mo – Sa 7 – 19 Uhr, So u. feiertags 8 – 18 Uhr.

Frauenhaus e.V. Göttingen
Postfach 1911, Telefon 5 21 18 00; Zuflucht, Beratung und Information für gewaltbetroffene Frauen und Kinder.

Caritasverband für die Stadt und den Landkreis Göttingen e.V.
Godehardstr. 18, Tel. 99 95 90, www.caritas-goettingen.de; u. a. Erziehungsberatung.

AOK-Gesundheitszentrum
Werner-von-Siemens-Str. 3, 3. OG, Telefon 30 75 73 26 17, Renate Rotthoff; Beratung für Schwangere und junge Familien, Eltern-Kind-Beratung, Neurodermitisberatung.

Elternhaus der Elterninitiative für das krebskranke Kind Göttingen e.V.
Am Papenberg 9, Tel. 374494, www.elternhaus-goettingen.de.

Frauennotruf e.V.
Kurze Geismarstr. 43, Telefon 4 46 84, Fax 5 31 18 75.

Mütterzentrum Nörten e.V.
Telefon (0 55 03) 38 60, Stiftsplatz 9, 37176 Nörten-Hardenberg, Ansprechpartner Monika Keiler, Tel. (0 55 03) 36 16.

Pro Familia
Gesellschaft für Sexualberatung und Familienplanung e.V., Rote Str. 19, 37073 Göttingen, Telefon 5 86 27; psychologische, medizinische und soziale Beratung, für Jugendliche kostenlos.

Betreuung und Babysitting

Tagespflegebörse Göttingen
Waageplatz 8, 37073 Göttingen, Telefon 3 84 38 50, www.tagesmutter-goe.de; offene Sprechstunden Mo u. Di 9.30 – 12 Uhr, Do 15 – 18 Uhr, Vermittlung von Babysittern/Tagesmüttern bzw. -vätern.

Mütterzentrum Nörten e.V.
Telefon (0 55 03) 38 60, Stiftsplatz 9, 37176 Nörten-Hardenberg.

Büchereien

Niedersächsische Staats- und Universitätsbibliothek Göttingen (SUB)
Platz der Göttinger Sieben 1, 37073 Göttingen, Telefon 39 53 74, www.sub.uni-goettingen.de; geöffnet (im Semester) Mo – Fr 9 – 22 Uhr, Sa 10 – 17 Uhr, eingeschränkte Öffnungszeiten in den Semesterferien.

Stadtbibliothek
Gotmarstraße 8, 37073 Göttingen, Telefon 4 00 28 30, Fax 4 00 27 60, stabigoe@goettingen.de, www.stadtbibliothek.goettingen.de; geöffnet Mo, Di, Fr 10 – 18 Uhr, Do 10 – 19 Uhr, Sa 10 – 13 Uhr, Mi und So geschlossen.

Erste Hilfe am Kind

Die Johanniter
Ortsverband Göttingen, Tel. 1 92 14.

Arbeitersamariterbund, Ortsverein Göttingen-Stadt
Hagenweg 2, 37081 Göttingen, Telefon 6 66 55, Fax 63 24 50, info@asb-goettingen.com, www.asb-goettingen.com.

Hausaufgabenbetreuung

Kinderhaus Abraxas (Holtenser Berg)

Luxemburgstr. 2, 37079 Göttingen, Tel. 4 00 54 37, Frank Braner, Susanne Rorig, www.abraxas.goettingen.de, kinderhaus.abraxas@web.de; Di–Do 14–18 Uhr.

Kinderhaus Grone-Süd

Elmweg 9b, 37081 Göttingen, Telefon 4 00 56 47, Katja Brauer, Dieter Majdcinsky, www.kgronesued.goettingen.de, kh.gronesued@gmx.de; Mo–Do 14–16 Uhr.

Kinderhaus Lohmühle

Lohmühlenweg 4, 37073 Göttingen, Tel. 4 00 33 85, Maike Ficker, Gerd Janke, www.lohmuehle.goettingen.de; Mo–Mi 14–17.45 Uhr, Do 14.30–18 Uhr, Fr 14–17 Uhr; 5–12 Jahre, Gruppen- und Projekttage, Hausaufgabenbetreuung.

Kinderhaus Zebolon

Grätzelstr. 8, 37079 Göttingen, Tel. 4 00 53 58, Diana Beata Düll und Ute Gudowius, www.zebolon.goettingen.de, kinderhaus.zebolon@t-online.de; Di–Fr 14.30–18 Uhr, Di u Do 13.30–14.30 Uhr; Offene Tür 6–12 Jahre, Hausaufgabenbetreuung.

Jugendhaus Grone-Süd

Elmweg 9b, 37081 Göttingen, Tel. 4 00 56 46, Heike Rohlfing, Andreas Twele, Stefan Wrzosek-Grüger, www.jgronesued.goettingen.de, jugendtreff.grone@t-online.de, Mo 14–21 Uhr, Di u Fr 14–20 Uhr, Mi 14–18 Uhr, Do 14–19 Uhr, Offene Tür 12–18 Jahre, Hausaufgabenhilfe, Moon Sport.

Jugendhaus Gartetalbahnhof

Am Gartetalbahnhof 1, 37073 Göttingen, Telefon 3 07 79 31, Ralph Stadelmann, Detlef Fürchtenicht, www.jugendhaus-gartetalbahnhof.de, jugartetal@t-online.de; Mo u. Do 14–21 Uhr, Di, Mi, Fr 14–16 Uhr; Angebote 12–18 Jahre, Hausaufgabenhilfe.

Kinder- und Jugendhaus der Arbeiterwohlfahrt Göttingen e.V.

Lönsweg 16, 37085 Göttingen, Tel. 7 70 19 90, Evelin Haase, kinder-jugendhaus@awo-kv-goettingen.de; Mo–Fr 13–18 Uhr; Hort, pädagogischer Mittagstisch, Hausaufgabenhilfe, offene Kinder- und Jugendarbeit.

Interessenvertretung für Kinder

Kinderbüro Göttingen

Nikolaistr. 19, 37073 Göttingen, Tel. 5 31 54 44, Fax 5 31 50 39.

Jugendamt

Hiroshimaplatz 1–4 (Neues Rathaus), Tel. 4 00 20 75.

Kinder- und Jugendfreizeitheime/ Einrichtungen

Kinderhaus Abraxas (Holtenser Berg)

Luxemburgstr. 2, 37079 Göttingen, Tel. 4 00 54 37, Frank Braner, Susanne Rorig, www.abraxas.goettingen.de, kinderhaus.abraxas@web.de; Offene Tür 6–12 Jahre Mo–Do 13.30–15.15 Uhr, Hausaufgabenhilfe Di–Do 14–18 Uhr, Projekte und Gruppenangebote Mo u. Fr 14–18 Uhr.

Kinderhaus Grone-Süd

Elmweg 9b, 37081 Göttingen, Telefon (05 51) 4 00 56 47, Katja Brauer, Dieter Majdcinsky, www.kgronesued.goettingen.de, kh.gronesued@gmx.de; 6–11 Jahre Mo–Do 13.30–17.30 Uhr, pädagogischer Mittagstisch Fr 13.30–16 Uhr, Hausaufgabenhilfe Mo–Do 14–16 Uhr.

Kinderhaus Leineberg
Weserstr. 30a, 37081 Göttingen, Tel. 70 31 11, Veronika Strunk, Adzoa Kwame, www.leineberg.goettingen.de, KiHa-Leineberg@goettingen.de; Mo – Do 14 – 17 Uhr, Fr 14 – 16 Uhr; 6 – 12 Jahre, Computerzeit, Sport, Gruppentag.

Kinderhaus Lohmühle
Lohmühlenweg 4, 37073 Göttingen, Telefon 4 00 33 85, Maike Ficker, Gerd Janke, www.lohmuehle.goettingen.de; Mo – Mi 14 – 17.45 Uhr, Do 14.30 – 18 Uhr, Fr 14 – 17 Uhr; 5 – 12 Jahre, Gruppen- und Projekttage, Hausaufgabenbetreuung.

Kinderhaus Zebolon
Grätzelstr. 8, 37079 Göttingen, Tel. 4 00 53 58, Diana Beata Düll und Ute Gudowius, www.zebolon.goettingen.de, kinderhaus.zebolon@t-online.de; Di – Fr 14.30 – 18 Uhr, Di u Do 13.30 – 14.30 Uhr; offene Tür 6 – 12 Jahre, Hausaufgabenbetreuung.

Jugendzentrum Maschmühle
Maschmühlenweg 68, 37073 Göttingen, Tel. 4 00 53 55, Detlef Kieslich, Angelika Krogmann, Andrea Teichgräber, Stefan Ludolf, www.maschmuehle.goettingen.de, jugendzentrum.maschmuehle@t-online.de; Mo u. Di 14 – 20 Uhr, Mi 17 – 20 Uhr, Do u. Fr 14 – 18 Uhr; 12 – 20 Jahre, Internet, Computer, Breakdance, Schwimmen.

Jugendhaus Holtenser Berg
Londonstr. 41, 37079 Göttingen, Tel. 4 00 54 49, Ekkard Jung, Helga Münter, Inka Rust, Holger Schrader, www.holtberg.goettingen.de, jugendhaus.holtenser.berg@t-online.de, Mo u. Do 14 – 19 Uhr, Di 17 – 21 Uhr, Mi 17 – 19 Uhr, Fr 14 – 20 Uhr; 12 – 21 Jahre, Gruppenangebote, Sport, Holzwerkstatt.

Jugendhaus Grone-Süd
Elmweg 9b, 37081 Göttingen, Telefon 4 00 56 46, Heike Rohlfing, Andreas Twele, Stefan Wrzosek-Grüger, www.jgronesued.goettingen.de, jugendtreff.grone@t-online.de, Mo 14 – 21 Uhr, Di u. Fr 14 – 20 Uhr, Mi 14 – 18 Uhr, Do 14 – 19 Uhr; offene Tür 12 – 18 Jahre, Hausaufgabenhilfe, Moon Sport.

Jugendhaus Gartetalbahnhof
Am Gartetalbahnhof 1, 37073 Göttingen, Telefon 3 07 79 31, Ralph Stadelmann, Detlef Fürchtenicht, www.jugendhaus-gartetalbahnhof.de, jugartetal@t-online.de; Mo u. Do 14 – 21 Uhr, Di, Mi, Fr 14 – 16 Uhr; Angebote 12 – 18 Jahre, Hausaufgabenhilfe.

Unabhängiges Jugendzentrum Weende e.V.
Klosterweg 8, 37077 Göttingen, Tel. 3 55 69, Udo Wilmering, www.ujz-weende.de.

Jugendzentrum Geismar e.V.
Heidelbeergasse 1, 37083 Göttingen, Telefon 79 55 11, Rüdiger Spangenberg, Jugendzentrum.Geismar@Tiscali.de; Mo – So 15 – 22 Uhr, Fr 18 – 22 Uhr; Teestube, Werkstatt.

Jugendzentrum Innenstadt e.V.
Bürgerstr. 41, 37073 Göttingen, Tel. 7 45 57, www.juzi.de; Mo 14 – 18 Uhr, Di 12 – 14 Uhr, Mi 12 – 17 Uhr, Do, Fr 12 – 14 Uhr; Café, Infoladen.

Unabhängiger Jugendclub Grone e.V.
Heinr.-Warnecke-Str. 6, 37081 Göttingen, Tel. 9 45 99, Wolfgang Groß; 15 – 22 Uhr; offene Jugendarbeit.

Kinder- und Jugendhaus der Arbeiterwohlfahrt Göttingen e.V.
Lönsweg 16, 37085 Göttingen, Tel. 7 70 19 90, Evelin Haase, kinder-jugendhaus@awo-kv-goettingen.de; Mo – Fr 13 – 18 Uhr; Hort, pädagogischer Mittagstisch, Hausaufgabenhilfe, offene Kinder- und Jugendarbeit.

Kindergärten und Kindergruppen

In Göttingen existieren sehr viele Kindertagesstätten, einige sind städtische Einrichtungen, andere gehören zu freien Trägern. Viele Kindergärten gehören zu Gemeinden in den verschiedenen Stadtteilen Göttingens. Es empfiehlt sich gegebenenfalls bei der Stadt Göttingen anzurufen, um weitere Informationen zu erhalten.

Die nachfolgend aufgeführten Einrichtungen sind eine sehr kleine Auswahl aus dem reichhaltigen Angebot an Kindergärten.

Kinderhaus e.V., Büro
Tel. 5 21 39 30, Mo, Di, Do, Fr 8–12 Uhr, Di 14–18 Uhr.

Sprachheilkindergarten St. Hildegard
Godehardstr. 18, 37081 Göttingen, Telefon 60 05 66, Fax 6337517.

Sportkindergarten und Hort des ASC 46
Tel. 5 17 46 45.

Waldorfkindergarten Michael
Arbecksweg 7, Tel. 3 58 07.

Waldorfkindergarten
Stargarder Weg 11, Tel. 7 14 20.

Kinderhort I/II
Albrecht-Thaer-Weg 6/26, 37075 Göttingen, Tel. 39 51 73 / 37 41 95.

Verwaltung der Kliniken
(Krippe, Kindergarten, Hort) Robert-Koch-Straße 28, 37075 Göttingen, Tel. 39 67 53.

Kinderkrankenpflege

KIMBU Häusliche Kinderkrankenpflege e.V.
Am Papenberg 9, Mo–Fr 11–14 Uhr, Tel. 37 44 93.

Häusliche Kinderkrankenpflege Barbara Severin
Kinderkrankenschwester, Tel. 7 31 30.

Nachhilfe

Abacus Nachhilfeinstitut
Robert-Bosch-Breite 10, 37079 Göttingen, Tel. 37 07 55 30.

Lernstudio Barbarossa MegaKids Nachhilfeunterricht
Kornmarkt 2, Tel. 7 97 78 77, www.megakids-goettingen.de.

Schülerhilfe Gesellschaft für Nachhilfeunterricht mbH & Co KG
Theaterstr. 8, 37073 Göttingen, Tel. 1 94 18, goettingen@schuelerhilfe-gemein.de.

Schülerkreis Institut für Nachhilfe und Förderunterricht
Groner Str. 38, Tel. 4 88 38 88; Nachhilfe von Grundschule bis Abitur.

Schülerzentrum Grote
Weender Landstr. 70, 37075 Göttingen, Tel. 3 69 23.

Studienkreis Mathe-Helfer
Nikolaistr. 17, 37073 Göttingen, Tel. 5 50 07.

Studienkreis Nachhilfe
Kornmarkt 9, 37073 Göttingen, Tel. 1 94 41.

Puppendoktor

Puppen-Studio
Am Plan 10, 37124 Rosdorf, Telefon (05 51) 7 89 93 23; Zubehör und Reparaturen von Puppen und Teddys.

Sprachschulen für Kinder

Abraxas

(ehemals Abrakadabra-Spielsprachschule), www.abrakadabra-spielsprachschule.de oder www.abraxas-akademie.de; Fremdsprachenerziehung für Vorschul- und Schulkinder.

Lernstudio Barbarossa MegaKids Nachhilfeunterricht

Kornmarkt 2, Tel. 7 97 78 77, www.megakids-goettingen.de.

Sprachzentrum Eine Welt

Groner Str. 8, 37073 Göttingen, Tel. 48 50 55.

Godbold Oda

Bovenden, Tel. (0 55 93) 8 02 90 66; Englisch für Kinder.

Platz für eigene Notizen

Platz für eigene Notizen

Ortsregister

Sachregister

Hier mach ich umsonst Urlaub*
Rotes Meer – Kahramana Beach Resort
*Gültig für jeweils 1 Kind unter 14 Jahren im Zimmer der Eltern
Zu buchen bei:
extratour
Tauch & Kulturreisen
Nikolaistraße 30
37073 Göttingen
Tel. 05 51 - 4 26 64
www.extradive.de
extra tour
Tauch- u. Kulturreisen GmbH